U0030539

How Much to Earn in
Lifetime is Enough?

# 這輩子，
# 賺多少才夠？

## 帶你畫出財務自由藍圖
## 享受財富的快樂

**張道麟** ___ 著

# 推薦序

## 幸福不會憑空而來，除非你做好財務整理

家庭幸福不會憑空而來，甜蜜幸福的背後，總有一個默默祝福的力量。

有一位單親媽媽（先生早年過世），獨自扶養一兒一女，她很有智慧的安排好一切，讓兒女也順利大學畢業，成家搬出去住。幾年後，這位媽媽突然病倒，需要有人長期照顧。

女兒辭去了工作，回到老家照顧媽媽，一晃眼就是 5 年經過，這段時間靠著媽媽的保險金，讓媽媽走完平安人生最後一程，媽媽留下的財產，依照法律應該由兒女平分。

但是女兒辭去了高薪的工作，如果平分遺產似乎很不公平。

這時，從媽媽的筆記本中發現，媽媽有寫遺囑，遺囑表明因為女兒照顧多年所以繼承 3/4 遺產，兒子繼承 1/4 遺產。兄妹兩人感情依然很好。

這位單親媽媽很了不起，她把財產分配用法律文件規劃好，合乎她的想法，子女就不用吵架了，子女幸福的背後，是媽媽運用法律與財富，繼續祝福兒女。

道麟所寫的《**這輩子，賺多少才夠？**》這本書，提供了讀者通往財富自由的人生，一個有架構性的建議。尤其是許多人對於花錢、理財都是用想像，往往想像跟自己實際的狀況有極大的落差。

人生的幸福都應該有藍圖，我們必須要有很好的財務智商，建構自己的財務實力，要跟自己的財務想像力相同，如此一來，人生才會逐夢踏實。

如果沒有把財富妥善的規劃，我們的財富是否足夠保障我們的退休人生？

把財富留給子女，如果沒有法律安排秩序，對於繼承人是幸運？還是不幸？

希望這本書能夠成為每位讀者，甜蜜幸福背後，默默祝福的力量！

蘇家宏

**蘇家宏**

恩典法律事務所 主持律師

**歡迎造訪恩典**

以真誠、專業、愛為出發
提供專業且溫暖的全方位服務

# 推薦序

## 誰是「新型窮人」?

　　社會學家鮑曼《工作、消費主義和新窮人》書中所謂的「新型窮人」，是指受過高等教育、工作穩定、收入充足，但卻負擔著高房貸或高房租，且習慣高消費地過著光鮮亮麗生活。這樣的生活，致使他們在工作多年後，幾乎沒有積蓄可言。新型窮人特別敏感於收支失衡狀態，並總是承受著「支出隨時可能大於收入的臨界崩潰」生活壓力，更遑論追求「財富自由」的奢侈幻想。

　　我學習財務專業 20 餘年，而在大學講授「投資理財知識」也將近 12 年，深深知道想擺脫「新型窮人」的窮境，不該幻想一堂炒股課程、一堂技術分析課程、甚至跟著某個知名投資大師便能一蹴而就。換言之，你需要自我設定一種信念：「讓財務規劃與投資理財成為你其中一種日常生活方式，設定符合你自我需求的財務目標，並將時間做為你累積財富或減少支出的好朋友，逐步踏實地實現與修正每一項理財工作，進而達到財富自由（這讓人生有更多選擇的自由）」。

　　這個信念，是此書作者道麟兄在我倆認識之初所啟發我的，目前正深深影響著我每一階段的人生旅程。

　　我與道麟兄已相知相惜好多個年頭，我倆也曾追逐人工智慧風潮嘗試發展科技化的理財機器人服務，但後來才漸漸想通，**個人財富規劃真正需要**

這輩子，賺多少才夠?

的，不僅僅是制式的專業服務或是冰冷的財表數據，**更需要暖心「陪伴者」的長期引導。**因為每一個人的金錢價值觀不同、財富目標設定不同、工作經濟條件不同，致使每一個人的財務規劃特別依賴客製化，更需要自身持續修正過程。依我就近觀察道麟兄的理財服務工作，他將輔導陪伴過 2000 多位理財需求者的成功經驗轉譯集結成此書，讓此書有機會長期陪伴著正面臨財務規劃困境或投資理財盲點的讀者。

「理財即是生活」是此書最重要的核心體現，道麟兄以自己的年少輕狂來描述每個人皆可能面對的財務無助與理財誤區、並點出每個人日常正在承受的財務壓力（財務想像力與財務實力的差距）、再繼續講述他多年體會的財務建築師解方、最後以不同人生財務故事來喚起讀者的共鳴。

對於此書的所有內容，我特別熟悉，因為我暨是體驗者也是見證者，還請讀者從今天起，**讓此書與你結伴同行，在不同時刻重複閱讀此書**，一定會有不同層次的體會，讓此書陪伴你面對未來不同階段的財務挑戰吧！

蘇玄啟

國立高雄科技大學

財務管理系副教授兼系主任

跨領域智慧金融研究發展中心主任

**歡迎造訪**

**國立高雄科技大學財務管理系**

## 眾裡尋他千百度，驀然回首，那人卻在燈火闌珊處

作為道麟兄在山城的老鄰居，我很榮幸在第一時間拜讀這本新書。

順著章節一口氣讀完，心中百感交集，彷彿被拉升到人生跑馬燈的視角，快速瀏覽了時代驚濤駭浪的變遷中，大多數人只能被動地隨之起伏的無奈。

深感在這充滿未知和詭譎的環境中，要構築自己的財務堡壘、躲避風險是多麼不容易的一件事。作者在本書中首先提出了「財務健康檢查」與「結合人生藍圖理財規劃」的具體辦法——「財富人生導航系統」。透過這套系統，逼我們去執絕妄、重新梳理出「真正的需求」，並通過客觀的數學分析殘酷地揭示了「財務實力」和「財務想像力」之間的差距。而經歷了前段的震撼教育，我們財富人生的建構才正式開始。

如同我的專業～建築，本就是一門研究人類與自然之間互動，以及更優解的方法論。在一片紊亂無序的原始環境之中，抽絲剝繭地找出可用資源，並「規則化」這些資源，再將此「空間規則」平行的對應著由人類的原始慾望轉化成的「行為秩序」，從而建構出承載著人類需求與環境互動的建築。簡言之，建築考量的不僅是地理方位、材料結構、自然與生態條件等外部因素；更細察人類的需求和行為模式，並在兩者之間的巧妙的創造相互配合與協作之鑰。

與道麟兄相似的是，我們都在為人們搭建起安全的庇護所——可以規避

風險、保障自己和家人不受外力威脅侵擾，擁有歸屬感與幸福感的富足人生。而這正是本書所試圖建構的——實現人生藍圖和財富自由的操作手冊。

「譬如北辰，居其所而眾星拱之」。有了作者這套深耕財務領域多年、精通投資、風險管理和財富管理而後孕育的獨特心法，可以讓普通人在理財汪洋中找到錨定點，更可以利用這組財務羅盤，在模糊不清的時刻透視未來，開啟屬於自己的大航海時代。

無論是追求財務自由，或幸福人生的世界中，相信每個人都有各自期望抵達的彼岸。推薦這本書給每個面臨人生抉擇和追尋意義的你，因為它啟發的不只是財務規劃的方式，更是人生目的地的重新辨認、規劃與實踐。這本書或許會作為你的指引，設計屬於自己的財務藍圖。

天堂有路，志為梯，祝福各位築夢踏實。

**黃書恆**
建築師
玄武設計 主持人
Andrew Martin Prize
連續三年評選全球百大設計師

**歡迎造訪**
**玄武設計**

# 推薦序

## 每個人都需要的人生副駕駛

　　道麟老師說他是個目標導向的人，但在我心中他也是助人導向的人。

　　有幸上過道麟老師幾堂課，每次上課都感到醍醐灌頂，有如打通任督二脈一般；碰到問題時，他總是很樂意指點我方向。這次聽聞他要寫書，我心想老師是希望把他的畢生知識精華與經驗分享給更多人，幫助更多陷於財務泥淖的朋友，我當然也要好好的吸收補強，沒想到邀我作序，實在倍感榮幸。在金融理財領域，我就跟許多人一樣，略懂皮毛而已，所以我想從一個普通人的角度，來分享我所理解的一老師獨創的財富人生導航系統，為什麼我們會需要它。

　　知名投資家安德魯・哈蘭認為成功快樂的人生應有四個面向：金錢、人際關係、健康、與人生目標。不說四者兼顧，光要顧好其中一兩項就不是簡單的任務。具體要如何實踐，我認為最重要的第一步是－「自覺（self-awareness）」，也就是知道自己有哪些課題需要著墨處理；有了自覺，才會進行下一步－「改變」，靠自己改變的力量，或借助他人（專業）的力量，方能達成目標。

　　以健康來說，小時候我們不會察覺健康的重要性，因為多數人的健康是與生俱來的；中年之後，累積了人生歷練與風霜，會開始意識到健康的流失及珍貴。隨著預防醫學的普及、科技的進步，「預防勝於治療」的概念大家都有所了解，知道健康須從日常生活習慣開始做起，還要定期做健康檢查，國健署也有針對不同族群提供各種篩檢，以達到及早發現及早治療的效用。

　　剛出社會的前幾年，尤其單身者，財務狀況常常像嬰幼兒一樣健康，沒有太大或立即的問題，且收入會隨著自身的歷練及能力有所成長，更會讓人有一種財務狀況良好的感覺，有如青壯年一般身體強壯。但隨著人生的進展，人生結構與目標也越來越複雜，例如結婚、生育、買房、投資等，財務狀況也就越趨複雜，甚至埋藏著未來的隱憂；像我這種非財經專業的人，不太容易自己及早

發現財務上長期的問題或隱憂，直到某天壓垮駱駝的稻草出現，才發現原來自己的財務規劃是有問題的。

　　水能載舟，亦能覆舟，在現代金融系統中，複利與時間可以創造巨大的財富，但也可能帶來龐大的負債。我的某個親人，在信用卡出現的年代，陷入了現代金融的陷阱，而且不自覺；信用卡債及現金流的問題，隨著時間及複利，被不斷放大，越來越難處理。直到近年靠著自身的改變，及其他家人的協助下，才結清了債務，從金錢的監獄中釋放了，開始了嶄新的第二人生。在這個過程中，逆轉洪流的關鍵在於自覺與改變，並且願意求救，才開啟了一連串的反應。只可惜在二、三十年前，還沒有財務健檢的概念，否則可以省下很多冤枉錢，以及憂慮的人生。

　　財務就跟健康一樣，需要健檢，及早發現，才能及早預防或治療。「你不理財，財不理你」，人生有著各式各樣的目標想要達成，金錢絕對是重要的一環，但沒有人天生會理財，甚至許多人終其一生都不大會，這不是什麼過錯，畢竟術業有專攻，現在有了道麟老師的專業團隊，有了財富人生導航系統，可以幫助你我少走很多冤枉路，甚至是死路。

　　華倫・巴菲特在股東信中提到：「找到一個非常聰明的優質夥伴－最好比你年長一點－然後非常仔細地聽他說的話。」我想道麟老師的團隊，很可能會是你我人生路途上的最佳副駕駛，而翻開這本書，就是轉變的契機與開始。

### 張維宸
藏琢醫美診所 院長

**歡迎造訪藏琢診所**

藏琢診所
伴您優雅與時光同行

# 財務分析師、心靈導師、傳教士的三合一專業，為金融業立下新的里程碑！

與道麟與孟治的緣份是從 2016 年開始的，當時因為滿腔熱血成立了公勝財顧需要有實務經驗的教練幫忙培訓，經過夥伴的引薦認識了已在財務顧問領域默默耕耘 20 多年的道麟與孟治，加上三顧茅廬的邀約（真的聊了三次，而且道麟家不是茅廬是新店山上的豪宅！）終於決定一起來做一個大膽的挑戰，透過培養專業收費財務顧問，為金融保險產業帶來一點不一樣的改變。

彼時的我，以企業第二代的身份進入公勝保經已經 7 年了，公勝也正處於快速成長階段並且正朝上櫃掛牌在準備，但我也開始思考如何布局公勝成長的第二曲線，因而成立了「公勝財顧」這個子公司，希望走向專業升級的道路。

當時也搜集了一些國外的資訊，發現在美國獨立財務顧問 IFA（Independent Financial Advisor）已相當發達，多有消費者願意透過支付顧問費獲取客觀的財務建議與金融產品資訊，從業人員也可以因為有顧問費可以更加中立客觀，而不用仰賴一定要銷售商品才能獲得對價回報，從而更重視專業度的提升。

看到這些資訊，年輕的我對財務顧問的定位與價值充滿了熱情，覺得這才是我們應該要推廣的營運模式。但理想很豐滿，現實很骨感，過程中遭遇的挑戰超乎預期！

首先是從業人員的慣性，從過往聊天順勢找機會推薦商品，轉變為花費很多時間完整了解客戶的人生期望與財務現況，加上受到周遭環境異樣眼光的挑戰，很多人撐不過這個過程而回到原來的模式，使得培訓轉換率偏低、脫落率又偏高。

其次是輔助資訊系統的建立，早期很多顧問用 Excel 做報告書，除了相當耗時外

客戶數一多就難以管理，因此開發系統就成為勢在必行的道路，但系統開發除了要投入不少的人力與資金，又不保證成功。當時開發的新系統，就比預定時間延遲了整整 1 年半才上線。

最後還有最大、最現實的商業問題，就是能否盈利！經過近 7 年的嘗試與調整，公勝財顧還處於燒錢階段，關鍵原因就是專業顧問的培養不易，要達到規模經濟沒想中簡單。而 2019 年開始整個保險業已經開始面臨巨大的衰退壓力，短短 4 年跌掉 3 成總保費，此時財顧還在燒錢，心理壓力不可謂不大。

幸好保經母體仍保有良好的績效，而財顧績效也連續 5 年保持 30% 以上的成長率持續增長，培養出近百人的顧問團隊，我們才有辦法繼續這個夢想堅持走下去。

非常慶幸能與道麟與孟治在財務顧問這個戰場上一起並肩奮鬥這麼多年，在他們身上我看到了優秀財務顧問的典範特質，不只是擅於分析財務資訊的精算師，同時也是懂得客戶心中所念想、所擔憂並能提供適切建議的心靈導師，更重要的還是一個能堅持理想、致力傳遞理念的傳教士，而這本書就是這三種的角色的極致展現！

本書有邏輯性的引導，就像導航系統一樣幫助一般人也能很容易走入財務規劃的世界，除提升財務觀念外，也可於運用這些工具 DIY 分析自己的財務現況。本書同時也透過實際的個案，讓我們看到一個人透過財務規劃看到新的希望與未來，進而改變心態一步步實現財富人生的故事。也期盼透過這本書，可以鼓舞更多人投身財務顧問行列，為金融保險產業帶來更有價值的改變！

蔡聖威

公勝金融集團 總經理

歡迎造訪
公勝金融集團

# 推薦序

## 頭痛的人全部都去吃普拿疼，真的好嗎？

金融從業人員，要如何協助客戶達到財務自由？可以從二個方向著手。

第一，是替客戶設計財務藍圖。

他有怎樣的人生財務目標，對於未來理想生活的想法，及金錢的價值觀又是如何，目前手上有多少資產，後續能再投入多少，他的風險屬性是什麼？針對個人狀況進行深入的瞭解後，設計出執行的方向及工具，這種方式著重在戰略設計。

第二，是直接讓客戶參與金融投資市場。

假設這個客戶的未來的財務目標需要透過投資計畫來完成，所以提供一個工具（例如：股票，基金，ETF 等）或投資方法，讓客戶直接進入投資市場，這個方式著重在戰術。

過去，我在金融證券業十多年的資歷，主要的工作內容都是第二種，儘管客戶需要的服務，得要先有第一種，再有第二種才是優選。但因為第一種需要針對個別客戶進行討論和分析。每個人的想法、目標、手邊的財務資源都不一樣，要花時間要一個個處理。

而第二種方式，直接提供一個投入金融市場的工具。不管是什麼樣財務體質的人，金融業者都可以提供方案，例如股票型基金、ETF、投資型保

單等，讓許許多多不同的人來參與，即便他們的需求不同，也推薦相同工具。就像普拿疼一樣，廣效型的藥方，對於金融業者來說，會是最有機會帶來大規模收益的做法。

但我在金融業十多年看見的真相是，買了這些廣效型配方的客戶，最後能因為這些工具，有效累積資產並且過上自己理想生活的人，寥寥無幾。

有句話得好：別用戰術上的勤奮，掩蓋戰略上的懶惰。

**大家在投資理財的過程中，往往忽略了另一個更重要的面向，那就是「針對個人完整財務藍圖的設計」。**

道麟老師在本書分享了大量的財務規劃故事，讓你可以清楚的看到什麼是個人財務管理的戰略思維以及完整的做法。

我也非常幸運，能在 2014 年遇到道麟＆孟治老師，學習如何成為一個收取顧問諮詢費且不用推銷金融商品的財務建築師，讓我在可以第二種服務的基礎之上，再用第一種方式來服務我的學員及客戶，戰略及戰術都能兼顧到。

金融從業人員們看這本書，也會對未來職業生涯的方向，以及如何提供給客戶更有價值的服務，開啟全新的認知。

祝福你！

顏菁羚

菁羚理財成長學院創辦人
綠點財務建築學院首席財務建築師

**歡迎造訪菁羚理財成長學院**
陪伴你成長的理財學院

# *Contents* 目次

這輩子，賺多少才夠？

# *Prologue* 前言
## 真正的改變，都是逆人性的

我是個目標導向的人。

打從我 25 歲從電腦業轉職到保險業後，每年我都會給自己和團隊設定業績與組織發展目標，而且是年年達標。我的太太賴孟治教練也是拿獎不斷。我一路打拚晉升到營業處經理，這個頭銜對當時的我來說，是個還算不錯的位置。我也曾天真的認為，這是拚博支撐專業，而專業回饋收入，是十分理想的人生正循環。

就在我職涯志得意滿之際，人生轉彎也出現了。

那是當上處經理的第二年，我收到了一張來自國稅局的通知單，上面顯示我需要補稅，打開一看，我倒抽一口氣，補繳金額有好幾位數：「個、十、百、千、萬、十萬⋯⋯八十萬！」盤算著自己的收入和支出，不知道為什麼會變成這樣。以我的年收入，當然負擔得起稅款，但是在當下，我的存款只剩幾萬塊，根本無法清償欠稅。

「怎麼會這樣？我居然沒有把該存的錢存下來⋯⋯」你能想像嗎？那個意氣風發的我，卻遭遇如此措手不及的窘境，促使我去思考一個很嚴肅的問題：「為什麼我明明賺了錢，卻繳不出稅？」我開始思考，既然這件事情那麼重要，那我身處的金融市場裡，是否有能夠幫助我的服務呢？

沒有。

我信賴並且引以為傲的金融體系中，並沒有任何這類知識，而我身處的市場裡，也沒有任何一個人提供協助我的服務。我深受打擊：「如果有一天，我的客戶也遇上跟我一樣的問題，當他求助於我時，我可能答不出來。」

我茫然了。

## Help me, help you, help every one!

通常人一生中會遇到好幾個茫然的階段，例如說從學校剛進入社會時，因為不適應，一下子從家庭、學校這種無利益競爭的模式，轉到社會中以利益競爭為主的人際模式，加上自己經驗不足，專業知識不夠，不知該怎麼面對。

或者，當你在社會中歷練了幾年後，你的知識、經驗、人際都略有心得，事業也小有成就之後，你會再一次發現自己的茫然，因為完美之下，總是會浮現一些陰影，這些陰影，需要你靜下心內觀，看透困境，帶領自我往上再進階其他旅程。

《道德經》裡是這樣說：「知人者智，自知者明。勝人者有力，自勝者強。」贏過別人是有力的，贏過自己

這輩子，賺多少才夠？

是強者，在軟弱、遇到困境時，人常容易小看自己，把缺點都合理化，當你不想改的時候，你會劃地自限，說自己辦不到。只有當你全部的念頭都安靜下來，重新審視自己能做什麼時，你會重新定義自己，這是更深刻、更具意義的「自知」。

所以，我決定調整步調，思考補稅這件事到底出了什麼問題。

簡單地說，我發現收入再多的人，如果忽略了財務管理，也無法有效的累積資產，我開始面對這個問題，並且決定要管理好我的財務，也因此發現這是個剛性需求：「個人財務管理市場」！於是，我下定決心成為個人財務管理的專業人士，轉型為「財務建築師」的想法在我心中開始萌芽。

可是，當時臺灣的金融環境，還在二代金改，根本沒有任何財務規劃相關的資訊。我是自己從國外購買和蒐集各種資訊，也常默默研究資料，走著一條前所未聞的路，很孤獨，也很辛苦。

## 真正的改變，都是逆人性的

辛苦的除了建立系統之外，我還須要對抗自己的慣性。

怎麼說呢？從前是 Top Sales 的我，商品介紹很常順著客戶需求隨手拈來、推薦商品，這個「從前令我成功」的慣性，使我常常被習慣綁架而不自知。

就像有些金融從業人員很適合提供專業顧問服務，但是無法對抗自己原有的慣性。比方說有些金融從業人員想要好好轉職，但是一回辦公室之後，發現隔壁同事收了 100 萬的保單，佣金收入立刻多出 60 萬，他自然而然就被慣性綁架回去了，繼續賣金融商品。

當你開始選擇不隨著環境改變，你才具備了改變自己環境的前提。當你敢遵從自己內心的感受時，好運才會憑空降臨到你身上。茫然時，心中匱乏時，永遠要傾聽你內心的聲音，不斷的做出深具勇氣的選擇，而且要一次又一次練習。

　　有一句話是這樣說的：「一切值得做的事情，都是困難的。」

　　身為財務建築師，要能以客戶的利益為優先，而不是將商品的收入當抽傭，這是最重要也是最基本的自我定位。唯有如此，才能客觀的看待客戶的財務需求，因此，財務建築師以收取顧問費為主，而非銷售商品的佣金收入。

一直都沒有運動習慣的我，為了對抗慣性，不停鍛鍊自己，六天半內騎車環島 1100 公里

## 財務建築師，
## 正是「無招勝有招，無劍更勝有劍」

　　任何事物的解釋都有兩種：現象解與根本解。一般人的分析都傾向現象解，針對現象發生的原因加以解釋，但是現象解只能解釋表面，並且是追隨在事實的後面，必須變來變去，以適應現象的不斷變化，無法深入現象的背後，找出根本性的原因，只有根本解才能深入事物的本質，了解未來的變化

　　財務建築師的存在，就是一種根本解，我想顛覆的是金融環境，讓大眾在有限的財務資源下，得到專業的、客觀且中立的財務規劃服務。

　　你發現了嗎？ 22 年前，「財務規劃」正好跟傳統金融思維，是天平的兩端！所以你說，做正確的事情，是不是需要很大的勇氣？所以，每次我還是得不斷回歸初心去校正自己。在轉型的過程裡，我把自己經歷的問題，轉換為系統性的思維，開發出一套「自我轉換的系統」，其中包含了「自我定位、建立信念與使命」、「改變習慣的顧問式面談系統」、「可進行財務分析診斷的雲端財務規劃資訊系統」，這些都是在基礎之外，財務建築師需要修得的心法。

因為在個人財務管理方面出狀況，我才意外了解到，原來有相同需求的人不在少數。就在那個時候，我種下了一顆想幫助他人的種子，直到今天仍持續地做這件事。這不僅是一本談論財務規劃（我名之為「財富人生導航系統」）的書籍，更是一本談論個人該如何面對轉變的書籍。

人生面對轉變需要符合自己的剛需。什麼是剛需？剛需就是，能滿足消費者最強需求！就像是出版產業裡，理財書永遠榜上有名；音樂產業中，愛情歌曲占90%，這都是剛需。那，人的一生當中最渴望什麼？渴望自由、渴望平穩的工作、渴望有愛情與親情的陪伴，什麼可以支持這樣的生活？是各種金融商品嗎？是讓他們去做投資嗎？都不是，是引導他們，說出自己對生活的渴望。

所以，為他人搭築人生財務的財務建築師，正是我找到的答案。

我是張道麟，我敢面對人生的剛需和渴望，你呢？

# chapter 1

# 當你的金融素養低於平均時，
# 30 歲將面臨財富滑坡

在 2022 年，金融研訓院發布了一份針對台灣地區的金融生活調查報告，當中提到民眾對金融風險的抵抗力，也就是從財務衝擊恢復的能力，可以透過四個面向來評估：

第一個面向是「自身財力」
第二個面向是「金融服務取得」

第三個面向是「金融素養」

第四個面向是「他人支援」

## 「金融風險抵抗力」四面向

| 自身財力 | 金融服務取得 | 金融素養 | 他人支援 |
|---|---|---|---|
| 儲蓄 | 帳戶使用行為 | 了解金融商品及服務 | 人際往來 |
| 債務 | 借貸資源 | 使用金融商品及服務自信 | 人際支持 |
| 緊急籌款能力 | 借貸足額程度 | 尋求財務建議 | 社會支持 |
| 生活支出支應能力 | 額外保險 | 自身財務管理 | |
| 家庭年收入 | | | |

整個報告中，我發現兩個驚人的事實：

第一個，雖然有三成人的金融素養越來越好，但是剩下七成人士是處於「金融脆弱」，也就是強者越強，弱者越弱，M 型化現象明顯。第二個：金融素養高於平均者，在 30 歲之後的自身財力會隨著時間不斷累積；反之，金融素養低於平均的人，財力會在 30 歲後急遽下降，甚至到退休年齡時，下跌的坡度更陡。

## 2022 台灣地區民眾金融生活調查

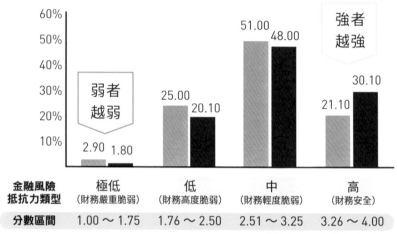

- 2020 年
- 2022 年

| 金融風險抵抗力類型 | 極低<br>(財務嚴重脆弱) | 低<br>(財務高度脆弱) | 中<br>(財務輕度脆弱) | 高<br>(財務安全) |
| --- | --- | --- | --- | --- |
| 分數區間 | 1.00～1.75 | 1.76～2.50 | 2.51～3.25 | 3.26～4.00 |

資料來源：台灣金融研訓院

低於平均者常有四個財務的盲點：

**一、先考慮投資，身上的現金有限：**

收入不高，認為投資是增加收入最快的方式；受身邊朋友影響，認為存股比存錢更有機會累積資產，有多餘現金時總是優先考慮投資，反而沒有預備緊急儲蓄存款。

**二、總覺得收入不夠：**

無論月薪 2 萬或 5 萬元，受訪者都認為自己收入不足，

其中一類是需要很多的娛樂支出，收入高但支出也多，很難累積儲蓄；另一類是努力量入為出僅花費必要生活支出，但仍覺得收入不足。

### 三、信用卡分期使用頻繁：

經常使用信用卡分期付款來創造手邊有現金的假象，但這些現金只能變成消費，沒有辦法累積儲蓄。

### 四、月光族：

很大比率受訪的年輕人都說自己是月光族，宣稱必須先想辦法提高收入，才能開始儲蓄，但因為一直無法提高收入，無可避免地就變成月光族。

### 五、無法支付時，找家人墊付就好：

年輕世代被問到遇到財務困難，無法支付時如何處理，大多數都回答找家人墊付就好，對於向銀行申辦貸款，自認收入不高、存款不足，反而覺得金融機構難以親近。

由此我們可以得知一個殘酷的現實：

**如果你的金融素養不足，能得到的金融服務跟金融相關的資源也會較少。**

## 各年齡層自身財力與金融素養關係

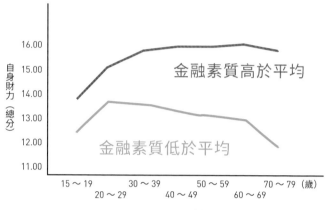

金融素質高於平均

金融素質低於平均

自身財力（總分）

16.00
15.00
14.00
13.00
12.00
11.00

15～19　20～29　30～39　40～49　50～59　60～69　70～79（歲）

資料來源：台灣金融研訓院

　　可能當你 30 歲或者成家立業後，在支出增加的情況下又無法好好地使用金融產業所提供的服務，那就只能加倍努力地工作，而在更努力工作之後，隨著時間的推演、責任的加重，卻只能惡性循環般反覆陷入工作的迴圈。

　　殘酷的是，儲蓄其實也呈現出同樣的情況。金融素養高於平均值的族群，無論是在自身財力、儲蓄、生活支出的支應能力方面，都會隨年齡增長持續累積，而金融素養低於平均值的族群，基本上在 30 歲左右，就會面臨更嚴重的滑坡。

從調查中，近八成民眾急需提升的金融素養，以及它對財務能力的直接影響，都能驗證金融素養的重要性，是不容忽視與低估的。另外，在兩萬多份的問卷裡，**竟然有 71% 的民眾「從來不考慮尋求財務建議」**，遇到財務問題或決策時，根本不知道向誰尋求建議。

我覺得很可怕。

人的年齡越大，可塑性和學習力就會逐漸下降，這並不是能力問題，主要取決於這個人思維的開放性、包容性問題。當我們大學時，一個人的可塑性好，還願意學習知識，但是畢業後，大家會逐漸感受到現實的「無力感」，漸漸不想再學習。

## 「金融素養」各面向類型占比

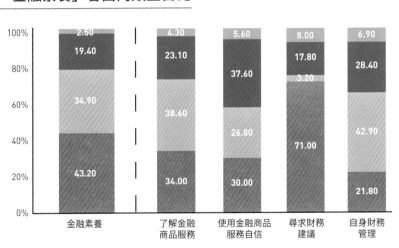

資料來源：台灣金融研訓院

工作幾年之後，大多數人會發現現實的殘酷，需要為了財務的拮据而奔波，為了房子、為了構建一個小家庭而不斷煩惱。薪水不夠怎麼辦？是不是永遠無法退休？

所以，如果你不從年輕開始培養金融素養，年紀大時怎會有餘力去改變？

## 你做了健康檢查，
## 卻沒有做過財務健康檢查

身體健診的重要性，在於早期發現的致病因子，及時給予治療。財務健檢也是一樣的，你有機會透過財務健康檢查，去找出不良理財的習慣。而財務建築師，正是在做這樣的服務。

我們都知道，馬斯洛（Abraham Harold Maslow）需求層次理論（hierarchy of needs）分成五層，但簡單來說，需求分為「低層次需求」與「高層次需求」。低層次需求包含生存需求及安全需求；高層次需求包含歸屬求、尊重需求及自我實現。

## 馬斯洛需求理論與財務規劃

自我實現

尊重需求

社會需求

安全需求

生理需求

自我實現

全生涯財務模型

資產配置

風險需求分析

財務健康診斷

**馬斯洛需求理論**　　　　**整體財務規劃**

　　當低層次的需求得到最低限度滿足後，才會追求高層次的需求，如此逐級上升，成為推動繼續努力的內在動力。當一個人要生存，他的需求能夠影響他的行為。只有未滿足的需求能夠影響行為，滿足了的需求不能充當激勵工具。

　　財務健檢也是一樣的，能夠跟著你的人生需求一路向上，找回你的金融自主權。

## 錢的來源有兩種，一種是用人力時間來賺錢，一種是用資金來賺錢

　　生命是無價的，但是人在職場是會被公司估價的，你得用人力和時間換取薪水，但是這是有極限的，也只能賺一份錢。你可以用你握有的資金，去替你錢滾錢。

　　很多人會問我，他想要理財，是不是先從買股票、基金開始？我要說的，投資不等於理財，很多人都以為投資就是理財，這是非常錯誤的認知。理財是投資的基礎，投資前需要衡量的因素有很多，你有多少錢可以投資？你的錢可以投資多久？除了現在投資的錢，之後還有多少錢可以投入？以上的問題，如果沒有清楚明確的答案，代表你對自己財務基本面是不清楚的，

理財 ≠ 投資

這輩子，賺多少才夠？

這時候去投資，就像你開著一輛沒有儀表板的汽車上路，你敢嗎？風險是不是非常大？

所以理財規劃有兩個區塊，首先是個人財務管理，包含有個人的收支、資產負債現況，其實就是編制個人的財務報表，從財務報表來診斷與分析財務現況是否是健康的狀態，從而找出合適的投資部位與可承擔的投資風險屬性。

個人財務管理做好後，才會進行第二個部分的投資計畫，有了財務管理的基礎，代表著已經清楚可投資的資金部位，也知道這筆資金可以投入的時間長短，同時在個人適性的風險屬性裡找出對應的資產配置及投資組合，如此才能在可承擔的風險屬性下，進行長期的投資行為，也才有機會藉由投資創造錢滾錢的機會。你不該等有了很多錢才開始練習，而是應該未雨綢繆，在剛開始工作的時候就要開始學習，甚至可以提早到大學時就開始嘗試。

錢滾錢其實不是一朝一夕的事情，而是需要長期的實踐和經驗總結的過程。由於剛開始的時候投入的資金也少，即使虧錢虧損也有限，且這個階段學習動力、能力都強，願意各種嘗試和總結經驗；而如果等有錢了，那個時候一個人的抗挫折能力會低落很多，如果開頭不順，往往容易陷入悲觀，從此不再願意嘗試一些風

理財規劃
❶個人財務管理
❷投資計畫

險類型的投資，只去做極其保守的理財方式。

而且，當一個人已經積累較多資產時，也正處在事業的忙碌期，往往沒有多少時間學習理財技能，在沒有完整的財務規劃觀念下，就可能簡化管理自己的理財，比如就選擇存款或美債等不用想太多的保守理財方式，從而錯過長期創造複利的投資機會。

## 請不要把錢當錢

你知道阻礙大多數人夢想的是什麼嗎？

是金錢。

因為金錢代表了一種特別的人生觀，它反映了我們的心理狀態。在我看過這麼多人之後，我認為，真正的成功人士始終具有聚財能力。金錢並不會自動地產生，它會以一種能量的方式體現出來：當我們在生活重心投入的能量越多，便會有更多的金錢向我們湧來。

也就是說，我們不應過度強調金錢，應該開始理解「金錢對你來說是什麼」。你該如何控制它，為你生出能量。不能讓金錢控制我們的生活，而應讓它在生活的各個領域助我們一臂之力。

每個人都有夢想。我們想要過什麼樣的生活，應該得到什麼，對此我們都有自己的想法。我們內心深處認為，自己扮演著特定的角色，這能夠為我們在當前環境下創造出一份更美好的生活。但實際上，我卻屢次見證了人為錢奔波的生活，逐漸扼殺了夢想。

22 年來，我致力於研究財務與幸福的關係。你可以一直上班領薪水卻不理財，讓錢成為妨礙你成長的工具；或者，開始財務規劃，讓金錢成為幫助你的好朋友。正如人們可以學習開車或程式設計一樣，每個人都可以透過學習金錢的基礎知識模組，走向財富自由的人生。

*chapter* 2

# 資本世界對於消費的熱烈吹捧，造成個人財務的痛腳

你有沒有發現一件事，現在買什麼都比十年前要容易地多。只要下載個 APP，手指動一下，東西就買完了，你幾乎沒有什麼機會猶豫，也沒有拿錢出來的心痛感。台灣買不完，你還可以跨國買買買，美國、日本、中國都可以買，你還可以在 LINE 上面 +1 就買完，都只是一個按鍵的事情，這其實很可怕。

很多新消費品牌，會製造一些「偽需求」，但消費者真的需要這些嗎？有些產品說白了就是在收「智商

稅」，欺騙消費者。我們出於獵奇心理可能會購買一次，但如果滿足不了需求，就不會再有二次購買欲望。

真實的生意，一定是做產品生意，而不是流量生意，不是玩弄消費者的情緒。什麼是好的生意？有回購才是真實的生意，沒有回購，談什麼增長呢？之所以會出現這些新消費泡沫，離不開一些資本的推波助瀾。如果不是有意識的節制，人人都容易過度消費，造成信用擴張，以至於背負卡債、信用貸款的人也隨之增加。

而且，這種玩弄情緒的問題，不限於一般的民生消費產品，在金融界也是。我們常聽到客戶購買了不適當的金融產品，當流動性風險發生時，只能認賠贖回變現。氣炸鍋買錯了，起碼還能氣炸，買金融商品買錯了，真的是血本無歸。

大部分人，都把金融商品當消費品來買，也就是你在跟理專或者保險業務員買商品時，當作在購物台購物，市場上大量販賣一種對「投資成功」或者「財富自由」的焦慮，讓大家在購買金融商品後，產生了一種「焦慮終於消除了」的感受。

或者欠缺全面評估，以至於做出超過個人財務能力所能承擔的財務決策，如購屋、購車或是借貸進行高風險投資等行為，為此付出慘痛的代價。

但，金融業對此種現象，卻未能提供正確的財務管理資訊與對應的方法，讓社會大眾陷入財務困境而無力改變，更帶來社會沉重的負擔。

## 重回你的需求來思考，
## 不要被焦慮煽動

在我看來，好的金融商品和服務應該是：**引導個人發現需求，真正解決消費者問題。**

如今是知識崛起的時代，就連從前密不透風的金融商品也漸漸透明化，從前是投資型保單，現在有了指數型 ETF。

過去金融體系都是比大的，最大的說了算，他們提供鋪天蓋地下廣告，教育消費者買他們的產品，這時候消費者其實是弱勢的，沒有多少選擇的權利。現在每一個人都有機會去理解這些知識，進一步解決自己的需求。而不是無腦的照著別人的規劃走。當每一個人有自己的人生進程，以及財務規劃時，怎麼可能在同一時間，買同一種商品？

## 其實，在面對財務問題上，
## 大部分人都是一座孤島

每個人在夜深人靜時，都曾思索過錢的問題，卻難以在大眾媒體上找到適合自己的答案。正因為財務是極其私密且複雜的問題，不管看到多少種方案，都不可能完全切合自身的狀況，大多數人只能獨自面對。

但是現今社會的特點就是，每個人都面臨海量資訊要處理，我們擁有超級大的自主權，卻不知道該怎麼分辨。

而且，媒體還會動不動就給我們一些新的目標，創造新的焦慮，比方說「提早退休」或者「四十歲就財富自由」等，迫使我們需要在壯年時快馬加鞭，沒有辦

法在工作間獲得真正的休息，造成健康的損傷。比起各種壓力造成的癌症或者阿茲海默症，「工作到終老」真的那麼令人害怕嗎？

要知道「退休」這概念其實是近代才出現的，從1880年俾斯麥提出退休法案之後才日漸成熟。但是大家沒有發現，中間歷經了一百多年醫療科技的突飛猛進，人類越活越久，卻在老年人越多和新生兒越少的夾殺之下，靠退休金的好日子已無法長久，取而代之的，將會是「個人的投資計畫」，我們勢必要為自己的老年生活好好打算，而不能再倚靠政府的退休金了！

其實這問題不只在台灣，許多國家的政府年金制度已經瀕臨破產，像是希臘或者歐洲多國都有這樣的問題，美國的401k退休金制度更是千瘡百孔，人類將重回俾斯麥之前的世界：工作，再也沒有正式的停止時間。

大部分人對此都非常憂慮，卻多礙於財務問題難向朋友或家人傾訴，根據2022年的金融生活調查，許多人從來沒有找專業人士諮詢過，一方面擔心被推銷金融商品，一方面也擔心自己無法正確的敘述核心問題：**財務，讓人變成了一座孤島。**

所以，22年前，我成立「綠點財務建築學院」，希望可以傾聽解決所有人的財務孤獨，而不是買賣金融

　　　　　　　　　　　　這輩子，賺多少才夠？

商品。**因為人生從來不是單選題，沒辦法買一種商品就解決任何事**，並且，我要以千里負重的心情，來傳遞財務健康的觀念，我要教你把金融的主導權拿回來。不能再交給別人了，自己學著將脈絡釐清，然後自己決定。

　　我立下成為專業財務建築師的志願，透過財務健康的概念，去檢視自身的財務能力，並且有一套中立且客觀的衡量基準。也期盼你的財務在綠點的扶持下，變成一顆希望的種子，在荒漠中發芽、長成一片綠洲。

認識綠點

# chapter *3*

# 人生省吃儉用，就能過上美好人生？請先找出財務目標

大部分人在財務規劃過程中的第一個問題，並不是如何存錢或者投資，而是不清楚自己的財務目標是什麼。

許多人並不知道自己要什麼，看著別人說 ETF 重要，就拚命買 ETF；看著新聞說債券大漲，就開始想著是不是該買點債券；甚者，發現財富自由的重點 = 被動收入高，便開始打聽各種被動收入資訊。

然而，如果以這樣的出發點學習投資理財，就像是沒

有目的地的一趟旅程，在陌生國家當中，既沒有地圖、也沒有目標，只會更加恐懼焦慮。

其實，答案不在新聞裡、不在名師嘴裡、也不在書中，而是應該先問問自己：「你想過什麼樣的生活？」

試著想像，你即將開車出門去某個陌生的地方，如果路上不使用導航系統，你可能會轉錯彎、下錯交流道，也許最終會完全迷失方向；把這樣的情境比例放大到人生，其實每個人都需要一個導航系統，來幫助自己抵達想去的地方。

而我認為，人生的導航，就是從「做好財務規劃」開始的。**我稱之為「財富人生導航系統」。**

想要建置你自己的「財富人生導航系統」，構成它的條件主要有四項：

第一是「目的地」，就是「去哪裡？」

第二是「起點」，也就是「從哪裡出發？」

第三是「即時圖資」，少了地圖就沒有辦法規劃路線。比方往買房走，還是投資走。

第四是重要的「衛星定位」，才能掌握人生當下的位置與進度。現在該更注意風險？還是專注在累積金錢？

我來舉一個 A 小姐的例子。

A 小姐是一個 30 歲左右的單身女性，在幼時父母便失和，而她半工半讀完成學業。因為雙親常吵架的關係，她對伴侶間的相處充滿不確定性。

A 小姐重視旅遊；她渴望擁有自己的房子，房子能為她帶來依靠與安心感，她有一輛老舊汽車，想評估自己是否有能力換車；她目前有穩定交往的對象，也計劃要結婚；她打算過了 55 歲後轉換職涯，做自己想做的事，屆時收入設定為每月 3 萬 5 千元。

以上，是 A 小姐對未來人生藍圖的描述，**也就是導航系統的「目的地」。**

這輩子，賺多少才夠？

再來，以她目前財務的能力，在整體支出方面她的支出收入比有 67.7%，簡單來說她賺 100 元扣掉支出還可以存 32.3 元，而且還擁有不錯的現金流結餘，雖然才 30 歲出頭，她的資產淨值已經接近 300 萬，33.98% 的生活費用比亦不算高，而且其中還包含了房租，顯示她確實是省吃儉用的類型。**這是她的起點。**

如果在她列出的目標都要一一完成的情況下，在她結婚、買車、買房之後，可用的資產其實已經快見底了，而且房貸也會讓後續支出增加，導致她的資產總額只能一路往下掉。

試想一個這麼省的人，財富人生卻呈現如此讓人憂心的走勢，這是否跟我們想像中的發展不太一樣？這樣的未來究竟是如何預測的呢？

首先，在財富人生導航系統裡面有各種要設定的參數，舉例來說有薪資增長率、通貨膨脹率、定存利率、股票計畫年化報酬率、基金計畫年化報酬率、其他投資計畫報酬率、社會保險退休年金、退休金個人專戶、轉換職涯、人壽保險滿期／生存年金……等參數，我在評估時，每一項都會依照 A 小姐個人的情況，仔細地設定數值。

總的來說，透過這樣的方式計算下來，會發現「現況」與她的「人生藍圖的落差」是很大的，她的財務目標無法百分之百實現，尤其是房貸的部分僅能完成20%，退休準備也只達成56%。如果今天沒有財富人生導航系統，我們或許會覺得：「手邊有大概300萬的資金，房子頭期款不過才180萬，買的時候我還有120萬啊，房貸一年也才不到30萬，我應該有能力負擔吧！」

這輩子，賺多少才夠？

## 無止盡的省，
## 對生活是一種無形的壓力

相信我們都曾以為省吃儉用、努力工作，想辦法多存點錢就能過自己想要的富足生活，但是依許多人的經驗來看，結局都未必如願。歷經 2022 年的嚴重通膨，所有東西都在漲價潮裡：你愛喝的手搖飲、午晚餐、動產、不動產，無一不漲。

錢確實越來越不夠用了，但是我們的要求卻越來越高。你我不再滿足於吃飽穿暖，還要吃得健康，穿得得體；不僅要有房住，還對住房環境更有要求，生活機能要好，最好還能鄰近醫院；每個人的人生目標，也不僅僅止步於滿足由生到死的基本生活需求，還要追求有尊嚴、更有價值的人生，所有行銷都在提醒你對自己好一點，40 歲的我們，很難和 20 歲一樣，維持對自己的通貨緊縮。

所以，你懂了嗎？我們不可能永遠用縮衣節食來完成退休夢想，因為你的縮衣節食並不代表足夠應付最終的夢想，或許你的夢想，根本不需要縮衣節食來達成。重點是，該如何達成？到達的路是近，還是遠？

## 那麼，該如何到達？

　　財務目標無法只靠節儉就能達成，因為當節儉沒有盡頭時，節儉反而會造成你的壓力，無止盡的節儉，就是無止盡的壓力。所以，我們不僅要知道節儉的目的地在哪裡，更要轉變心態，從節儉到簡單，甚至是極簡。

　　我還記得 Steve Jobs 的自傳中，一張坐在沒有家具的房間裡的相片。那張照片帶給我極大的震撼，他的客廳不會多出一把能坐的椅子，正如他設計的手機上沒有多出任何一個按鈕。

　　「極簡」與「節儉」之間的基本差別，是在欲望上的降低。節儉的人為了省錢而控制自己的欲望，或者找尋夠便宜的方法滿足欲望，而極簡的人是從源頭做起，把物質欲望降低到自己能接受的範圍。也就是說，極簡並不是「不消費」，而是「不隨便消費」。在能力範圍可及的狀況下，去擁有對自己有意義的物品。

　　心態上的差異，才是極簡生活的意義。

我們或許無法做到 Steve Jobs 那樣的程度，但是適度保持極簡，不僅會讓我們的居住環境上更加乾淨，也會讓內心更加清晰、有秩序感，這有助於減少壓力的來源。這樣的生活方式讓你不會對物質過於癡迷，重新感受當下生活。並且搞清楚，你的人生財富目標到底在哪裡。

# 單一目標的財務規劃，是一種陷阱

回到 A 小姐的例子。

由於大部分的人，都以財務想像力去假設自己的財務能力，如同 A 小姐這個真實的個案來說，她很省也很努力工作，也許會認為要買個房子、車子也不為過吧？遺憾的是，多數人並不清楚自己的財務實力能否滿足所有生活中的想要，只能運用財務想像力來測試自己的財務實力。

然而，實際的財務實力，跟我們的財務想像力之間往

往存在落差；而且財務實力還得乘上風險：萬一哪天無法工作呢？我們的財務實力會不會被打折？答案無庸置疑。當風險因子一旦發生，甚至還會連帶影響未來的財務實力。

有一句話是這樣說的，「中產階級」和「貧窮」之間的距離，只隔了一場「疾病」與一場「意外」，雖然大家都知道風險無處不在，但大家寧願相信自己有一天會中彩票，也不相信自己會碰到疾病和意外，沒有建立保險，來轉嫁不可抗風險的意識。如果我們只能在壓力來臨的時候，才會知道財務想像力竟遠超過財務實力，到了那時，可能你早已錯失規劃的良機了。

我想，幾乎所有人都是這樣，這也是大部分人雖然努力工作、省吃儉用，卻仍有極大機率無法完成自己的財富人生，其最重要的癥結點，除非你有財富人生導航系統把你從起點開始導航到目的地，同時將路線一併測量規劃出來。

知道與目標的距離，就能先掂一下自己目前的油量、資源可以走多遠，這就是財富人生導航系統的價值所在。

## 和銀行理專相比，
## 我的財富人生導航系統有何精妙？

　　了解財富人生導航系統的概念之後，我們來看目前在市場上被理專、保險公司甚至一些財務規畫師使用最多的「單一財務目標」法，跟我的「財富人生導航系統」有什麼不一樣？

　　從 A 小姐的案例來看，你的財富人生，應該不會只有退休這件事吧？也不是只有買房子這件事，對吧？就算多加了旅遊，好像也不夠耶？

　　我們能做的測算，是多重目的地的，也就是「多重目標」。

　　當你的人生在不同階段，目標也會隨時調整、改變。只用單一目標來做財務規劃其實相對容易計算，只要了解終值、現值的概念，用簡單的 Excel 指令都能運算出來。

　　但這麼做的最大問題是，假使用「單一目標法」來設計 A 小姐的退休計畫，不但會忽視「**買房後，財務資源耗竭**」這項因素，也不會考慮到其他想完成的目標是否會對退休造成阻礙。

如果純粹只看退休這件事的話，A小姐從現在起到65歲退休還有34年，她的應備終值就是去計算，從65歲到平均餘命85歲，這20年當中累積需要花掉的錢，用年金終值的概念算出，她大概需要1,733萬。此外，她的已備終值則是勞退、勞保年金以及保險，這些就是退休後還可以繼續領到的錢，一共是901萬。

得出應備與已備終值的差距是832萬，她的現況達成率只有52%而已。在不考慮買房子等缺口的前提下，如果她要完成退休準備，以投報率5%計算，她必須現在就投入304萬的單筆投資，又或者用定期定額方式每個月投入12,013元，持續34年才能補足她的缺口。

但試想，若是A小姐立即就能投入304萬，或者現在的流量就足以每個月投入12,000元，我想她應該早就沒有財務問題了吧？

所以，**不夠全面，就是單一目標法的缺點**，也就是為什麼綠點要發展「全生涯財富人生模型」的概念。經過我們的規劃與調整後，A 小姐結婚、買車、買房之後的資產可以繼續高於水平面，甚至還保持有一定的部位，而到了退休階段時累積的總資產仍會有 198 萬元，比調整前的結果好非常多。

但是，我的人生導航系統，究竟是怎麼辦到的呢？

## 財務想像力與財務實力的平衡點，你找到了嗎？

首先，A 小姐工作收入的變動範圍不大，如果要再額外增加收入，可能會超出她的體力負荷，在收入有極限的前提下，我們詳細地了解 A 小姐的需求，得知她對於買房的重視程度是高於旅遊的，因此建議她，把每年 5 萬元的出國旅費改為兩年一次，也就是一年平均 2 萬 5 千元；再者，我們建議她省下 70 萬元的購車預算，改以購買新中古車約 30 萬元為目標，立刻節省了 40 萬元支出。

至於，她轉換職涯後的月薪 3 萬 5 千元，在當時只是初步評估，但經過測算之後，我們認為如果真的要轉

換職涯，之後的收入勢必得維持現在的水平，也就是月收入要增加 7 千元來到 4 萬 2 千元，年薪須達 60 萬元。

另外，有關退休金的準備，原先的設定是 3 萬元，但為了要完成旅遊、換車、買房這些目標，在把 A 小姐目前財務的調整極大化後，能再縮減的是退休金每月暫時下修至 2 萬元。

以上的調整，如立竿見影，她的財務模型，瞬間就出現了巨大變化。即使買房支出大筆資金，只需等待幾年現金流，就能恢復以往水準，有累積現金當然就有資本做其他的投資安排，而且因為沒有流動風險，可以放得很久，不必擔心市場漲跌，心態也相對能處變不驚；資產一路累積的情況下，她只要把未來退休的準備稍做調整就夠用了。

當中最神奇的，莫過於在過程中，A 小姐完全不需要購買任何商品，我們只是建議她在資源的調整跟分配上做一些安排，她的財富人生的面貌就截然不同。

那麼，要怎樣建構多目標型的財富人生？下一章我會再跟你說明。

# chapter *5*

# 如何建構自己的財富人生
# 導航系統？我有六個步驟

目前為止，我們已知台灣民眾普遍金融素養偏低，透過財富人生導航系統得以實現人生藍圖。但因為是多重目標，我們必須要透過全生涯財富人生模型才能看得清楚，才會知道我有限的資源應該如何分配。

那麼，重點來了。我們究竟要「如何建構自己財富人生的導航系統」呢？我來分享六大關鍵步驟：

首先第一個是「建立夢想藍圖／釐清價值觀」

俗話說的好，出發總要有方向吧？假設我們想要去阿里山、想去溪頭、也想去台南吃小吃，又想去蘭嶼、台東、花蓮，如果要安排那麼多行程，導航無論如何總得設定好第一站吧？

而且，在規劃路徑時要考慮延續性，路線要順，要在有限資源裡面做最佳分配。這些目的地可以拼湊成你的夢想藍圖，而釐清價值觀就是要清楚自己對各目的地不同的重視程度，依照重要、在意的目標排出順序來決定資源分配的優先與多寡。

## 建構財富人生導航系統六步驟

**01**
夢想藍圖

**02**
盤點現況
編制財務
報表

**03**
建立現況
全生涯
財務模型

**06**
定期檢視
動態調整

**05**
建立規則
全生涯
財務模型

**04**
找出問題點
擬定改善
方案

## 步驟 1 找出你的夢想藍圖

我會問你幾個基本問句：

### 1. 你有什麼夢想，或者特別關注的事情呢？

「夢想」兩字可能有點太遙不可及，我們就定位成「未來想過的生活」吧？

你可以把它由近而遠，分成：個人、家庭、社會這三個方向去思考。

像是我個人的夢想，就是成為一個協助他人成就自我的財務建築師。由於我非常相信他是有價值的。在家庭上，我希望與我的伴侶和孩子一起投入這個志業。在社會上，我希望大力推廣將這個財務建築的概念，讓每一個人都願意去拿回財務自主權，讓有益的觀念撼動和改變更多人。

### 2. 為什麼你要實現這個夢想呢？

這一個問題，是在問夢想與你的關係是什麼？你們的關係強不強烈呢？有沒有強烈到你就算遇到一些困難或者失去一些資源也要完成的呢？

### 3. 這個夢想為什麼非你不可？

這個其實就是在問你的優點了，為什麼這件事情不是其他人做，而是你來做，你有什麼與他人不同，獨一無二，且在執行這件事情上的絕對優勢？

這可能是帶全家騎單車環島，或者是用 50 萬環遊全世界，或者是提早退休，回到家鄉去過生活，都可以。

告訴你一個小秘訣：依照自己的目標或夢想，想像夢想的畫面，或者在網路上尋找情景相似、讓你怦然心動的圖片，圖片可不是有就好，要能讓你動心，因為當圖片讓你有悸動，才能讓你擁有實現夢想或目標的動力。

## 盤點財務現況／編制財務報表

　　就像我們出門前會檢查車子的胎壓夠不夠、五油三水的狀態是否正常，盤點財務現況就是這樣的概念，更專業的做法是盤點現況的時候，也必須要有財務報表。正因我們幫 A 小姐編制了財務報表，也製作支出收入比和多項分析圖，並從報表裡歸納、分析以及診斷，如此才能看出財務的問題與漏洞。

　　很多人其實都容易卡在這點上，畢竟我們的人生有許多面向，一下子要把散落在生活各面的財產整理起來，實在是很困難。我們在 2023 年推出了一個簡單的測驗，叫做「金錢體質四象限」，你可以透過填寫幾個問題之後，測驗出你的理財體質。

　　這四個象限分別：

**A. 生龍活虎：**

　　每年收入扣掉支出之後有剩，存款也有錢，所以會得到兩個＋。

**B. 後勢看好：**

　　每年收入扣掉支出有剩（＋），但是存款不多（－），

所以可以慢慢累積存款。

**C. 坐吃山空：**

每年收入扣掉支出是負的（－），雖然有存款（＋），
但是每年都在消耗存款。

**D. 弱不經風：**

每年收入扣掉支出是負的，原本的存款也見底了。

### 金錢體質四象限

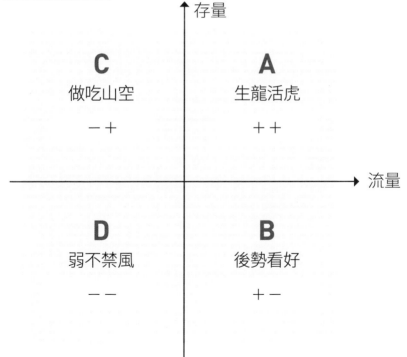

A 其實就是存款夠，現金流也能繼續累積在存款的人，這樣的人才有資格開始投資，就能去做「資產配置」。所以，很多人不知道自己不適合一開始理財就投資，但是沒有做過金錢體質的測驗，就不會知道。

　　B 的問題是存款不夠，所以要先累積一桶金再開始投資，但是現金流已經比 C 好很多，所以後勢看好。如果想要加速存款的速度，盡快達成人生藍圖，就該先做金錢整理。

　　C 的問題是現金流不足，雖然有一桶金，但是賺得多，花得也不少，錢總是留不下來。這樣的人就應該先想辦法把賺的錢留下來，提高儲蓄率，也是先做金錢整理。

　　D 的狀況其實是現金流和存款都不足，要先把這兩大問題都解決，才能去投資。但是許多在 D 象限的人都在股票市場蕩來蕩去，真是令他擔心。

　　為什麼要做測驗呢？人啊，最怕的不是不懂，而是「我不清楚『我正處於不知道』的狀態」，如果你一直以為你的財務在在 A 或 B，卻能透過一個簡單的測驗，得知自己竟然落在 C 或者 D，有一定的風險存在你的人生長河中，那就試著調整，將自己從可能墜落的邊緣救回來。

來作金錢體質四象限的測驗

這輩子，賺多少才夠？

## 透過數學模型測算，夢想藍圖與財務現況間是否存在落差？

　　簡單來說，這就是建立全生涯財富人生模型的現況，因為已經有了夢想藍圖，也知道了哪些部分是最重要的，而現在也清楚了自己的財務現況，把以上這些部分整合在一個數學模型去測算，那就是全生涯財富人生模型，以此檢測各項目標的完成率。

## 如果目標完成率不足，那我們必須「找出問題點並擬定改善方案」

　　我覺得很有趣的是，通常來找我們的客戶，都會驚覺，自己的目標完成率和想像不同，這個我們會在後面的案子裡面，一一舉例給大家聽。

## 透過數學模型測算，改善方案是否足以完成夢想藍圖

　　如同模擬驗算的概念，檢視方案是否真的能解決問題。所以

過程中不會只有一個規劃模型，而是會因參數調整一次次、一層層地修改至最佳模型。

## 步驟 6 完成前五個步驟後，還要「定時檢視並隨進度動態調整」

歡迎瀏覽
我們的服務

因為參數只能根據現在的情況去設定，但現在設定的參數顯然不會永遠適用，所以我們要定期檢視進度，與此同時做最好的調整安排。

當你把這六個步驟建構起來之後，就擁有財富人生導航系統了。

當然，這段過程會需要滿多專業知識與素養，我們鼓勵你自己嘗試，但如果你在建構財富人生導航系統的路上需要推一把，財務建築師隨時準備提供你專業的服務。

## 或許你過去曾在財務上跌跤

我相信，每個人在財務方面都有各種不同的遭遇，像我要付 80 萬的所得稅付不出來，那些血淚

都是我們的過往。但過去受的傷，不該全然拋諸腦後，反而應該去溫習它們，想辦法去找到癥結點和我們可以調整的地方，就會因此產生不同的動能，而未來也將被掌握。

也就是說，即使過去失誤、犯錯，只要現在建立不同的觀點、更新的思維，習慣會養成不同的個性，然後就會產生不同的命運。

正如《了凡四訓》的啟示：**人的想法會產生行為，行為久而久之會變成習慣，習慣會養成人的個性，而個性會決定命運。**

大哲學家蘇格拉底也曾言：「最有希望的成功者，並不是才幹出眾的人，而是那些最善於利用每一時機去發掘開拓的人。」一個人縱使沒有出色的才幹，只要掌握絕佳的時機也終會成功。而什麼是絕佳時機？就是當你了解過去發生的問題後，願意立即開始調整的人，那你一定會成功，有機會過你自己的富足人生，我覺得成功的定義可以是這樣子。

想掌握富足人生，時機很重要，但只要開始就永不嫌晚。

chapter *6*

# 你能花多少錢，不可以只用想像的來決定

錢的方式越來越多元，我們有了各種虛擬貨幣，也有了冷錢包，錢的形式越來越自由。但是唯有一個真理是不變的：

**人們賺錢，來交換自己想要的生活。**

打個比方，喜歡騎單車的人，在準備環島時，會買哪一種等級的腳踏車呢？

A 準備了 3、40 萬的腳踏車陪他上山下海，良好的功能讓他省力，B 騎 YouBike 爬上合歡山武嶺，省錢。

這輩子，賺多少才夠？

這些腳踏車的都可以達成環島的功能，但是價格差距卻很大。

都是買單車，為什麼 A 和 B 花的預算不一樣？因為 A 認為，比買單車更重要的，是背後的價值觀，是「為了自我挑戰」值多少錢，還有「為了自我實現」的成就感，成就感雖然不能用錢比擬，但是成就感重要啊！那麼，多花一點錢在上面，又有什麼問題呢？

這時候，A 在「買單車」時就不是單純的「買單車」而已，而是「自我實現的成就感」值得我花多少錢來實現。這時候自我實現的價值觀，決定了我們的預算。

但是，金錢的使用是會有排擠效應的。如果當 A 刷卡花了 3、40 萬買腳踏車，但是下個月繳卡費時，才發現其實現金並不夠支付信用卡帳單。甚至需要去申請信貸來還清，連房租都繳不了的同時，A 才發現，成就感已經排擠了生活，連活下去都有點困難時，財務已經不太對等了。

### 價值觀決定價格

・都是買單車，為何給的預算不同

・單車環島背後的價值觀

　　→為了自我挑戰的樂趣

　　→為了自我實現的成就感

・價值觀決定我們的預算

・結論：價值觀會放大自己的財務想像力

　　　為了要實現自我，挑戰自我，得到樂趣

　　那 A 怎麼會那麼傻？為什麼會覺得能刷 30 萬來買單車呢？其實不管是 A 或者你我，都很容易放大自己的「財務想像力」。財務想像力，就是沒有經過計算，單純靠我「想像」我能花多少錢的能力。

　　當你的財務想像力，大過於你的財務實力時，你的財務壓力就會變大。

$$\frac{財務想像力}{財務實力 \times 風險因子} = 財務壓力閥值$$

## 價格背後，永遠存在著代價

　心理學告訴我們，人很容易產生錯覺，總覺得自己做的決定是最正確的，也會否認可能損失的可能跡象。現實生活中，有人會為了省錢去排特價商品，或許省了生活費，但是會忘記這 1 小時損失的產值，或者可以創造出的價值。

　當我們沒有錢時，大多是以「花時間來省錢」的選項作為代價，又或者財務狀況較優時，用「花錢省時間」來作為代價，這兩者間並沒有對錯，重點是你的「錢」或者「時間」是否能負擔得起？但因為生活有太多期待，當你想要的價值大於價格太多，金錢造成排擠效應，財務就會發生不對等。

在追求財富的過程裡，主要是能夠交換到我們想要的價值。所以，如果我們對自己的價值觀不夠清楚，就容易會讓自己花太多錢，無法讓財務平衡。

大多數人並不清楚自己的財務實力，是否能滿足生活中自己的想要，所以只能用財務想像力，來測試自己的財務能力。比方說，我覺得名牌包對我來說很重要，所以先買了再說，刷卡！但是下個月繳帳單的時候就會發現，我怎麼繳不起？財務壓力永遠是自己造成的。

這輩子，賺多少才夠？

你會發現，用「想像力來思考自己的財務」，是很可怕的一件事。

當然，你可能不會犯下這種錯。因為買單車已經是很好計算的一筆帳，是一個單一目標的財務管理，大部分人只要掐指一算，馬上能理解自己該不該買了，但是面對複雜的人生問題時，比方說，有兩個小孩，有房貸車貸，想要在 65 歲退休，每年該賺多少錢。

如同有多重目標，要一起計算，這，你算得出來嗎？

## 財務壓力閥值的四個階段及任務

$$\frac{財務想像力}{財務實力 \times 風險因子} = 財務壓力閥值$$

當然，並非所有壓力大於1的人，才會需要調整，壓力小於1的人也需要。簡單來說，壓力不平衡的人，都需要重新規劃你的財務。

### 全生涯財富人生圖

在這張圖中，我們可以看到四個財務階段，分別是依賴、獨立、責任、退休養老，每個階段都有自己的財務想像力和壓力，我們特別可以看到在責任期的財務想像力容易超出財務實力許多，這也是大部分你們的階段，是我特別想提醒讀者注意的。

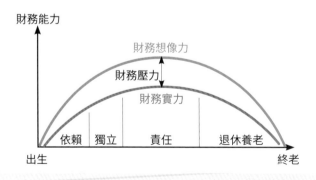

這輩子，賺多少才夠？

完美的財富人生圖，應該要能落實財務想像力，向財務實力靠攏，才有機會幸福無煩惱到終老。

再看這張真實的財務人生公式：

$$\frac{理財實力}{生活費＋各項財務目標＋退休養老}＝理財成就度$$

當你的理財成就度大於 1，代表的是，你的財務實力大於你人生所需要的財務準備，才會有所謂資產傳承和分配的議題。

反之，當你的理財成就度小於 1，財務實力是無法滿足人生的財富需求，所以這時候所要關注的就會落在收支管理、風險管理、投資的議題上。

# chapter *7*

# 旋轉木馬的人生：財務實力和財務想像力的落差

還記得小時候，排隊等待著遊樂園的旋轉木馬嗎？

音樂響起，旋轉木馬開始隨音樂上上下下，小朋友的歡笑聲此起彼落，然而看似前進的木馬，卻永遠在大大的傘棚下繞著圈圈。

我們的人生，是否像是旋轉木馬呢？我們每個人都選了一匹屬於自己的木馬，騎向未知的未來，起起伏伏，兜兜轉轉。

我們都以為坐上馬車後，就能達到終點，誰知道終點怎麼也看不清；我們都以為坐上馬後，自己就能不停的前進，卻發現只在原地繞圈圈。

我們不能等到曲終人散，才發現自己離奮鬥的起點，相差只有一點點，要走在真正累積的道路上，離開看似穩固卻繞圈的人生，才有機會安心的迎向自由人生。


這是個發生在阿巧和小戴身上的故事。


阿巧與小戴是對夫妻，二十幾歲就業後就沒有換過公司，兩人各自在專精的領域，表現得可圈可點，頗得公司賞識，兩人一待就是三十年。

他們育有一對兒女，正在國中階段就讀，阿巧希望有能力培養小孩出國留學，除了增廣視野外，她認為自己也有能力和實力，讓孩子到國外拿學位，以後的發展更有優勢。

阿巧還有個斜槓人生的夢想，畢竟在現有的職位已待了三十年，她希望人生下半場能成為自由工作者，發揮自己的專長，創造更多可以揮灑的空間。

另外，老公小戴擔任的職務，因為關係到生產線的運作，所以幾乎是 24 小時待命，任何狀況發生，他必須第一時間趕到現場排除問題。

可想而知，他的工作壓力非常大，常有三更半夜趕到公司排除問題，年輕時，體力、精神恢復得快，還撐得過去，但轉眼已是中年大叔的他，已無法再像之前那樣拚搏了。

所以，儘早退休，就成為小戴的首要目標，當然，退休後，每年出國度假旅遊，也是必須要的。

當然，他們的辛勤工作是有回報的，不僅房貸也還清了，夫妻倆累積資產淨值近 3,000 萬，單就現金、股票、基金合計有 1,500 萬。

這樣看，他們倆想退休應該沒什麼問題吧？

的確，阿巧、小戴這對夫妻，擁有穩定的現金流量，沒有房貸，負債比很低，同時資產變現率及生息資產率接近 6 成，淨資產也有近 3,000 萬元，已經有很好的家庭財務基礎。

但是，兩人未來想送子女出國唸書，再加上他們的退休準備是否能逐步實現，很難自己計算出來。

首先，我會先檢查他們的錢都怎麼流到哪裡去，也就是**先幫他們進行全面的財務健檢，跟健檢報告書一樣**，看到紅字的部分，就是要注意的：

1. 支出收入比 74.42%（最好能低於 70%）

2. 名目儲蓄率 / 有效儲蓄率 25.58% / 7.85%

3. 生活費用比 37.81%

4. 超額現金比 419.06%（最好能介於 50% ~ 100%）

5. 資產變現率 58.74%

6. 生息資產率 58.74%

7. 負債比 2.53%

8. 償債壓力指數 0%

從紅字的部分，我們可以看到有幾個項目不太好，讓我一一拆解給你們看：

## 問題點 **1** 收入變多，生活支出也隨之增加

小戴阿巧家的「支出收入比」偏高，原因是什麼呢？我從他的「生活費用比」占 37.81% 看得出來，小戴家的生活費用比較高，生活費用就是「必要的」食衣住行費用，例如：房租／貸、水電瓦斯、交通費、信用卡費、餐費等，這些明顯超出參考指標，或許是消費較多，或許是常外食餐費高，我想應該是生活寬裕、消費能力增加後，漸漸累積上去的。

不過呢，因為阿巧及小戴的薪資收入穩定且位階都在中高，所以就算生活費用比大幅超過標準，並沒有造成他們的家庭流量壓力。

我想岔題說一個非常有意思的現象，有些夫妻在年輕時薪水較少，兩人勤儉度日，勉強過日子，但是當兩人工作表現越來越好，薪資開始提高，收入大幅改善後，就會希望可以做一些改善生活品質的消費。例如換車、改吃有機食品、送孩子上貴族學校等。

當然，這是夫妻齊心努力的成果，不能被否定。但是，當家庭的日常消費提高後，就很難降回原本的水準。幾年下來，薪水增加的幅度，被高消費狠狠吃掉了，

這輩子，賺多少才夠？

存款卻維持原本經濟拮据時的水準，猛然回頭才發現，自己的金融資產（像是銀行存款、基金、股票等）的累積金額，跟自己的收入不能相符，以自己的收入來看，應該要存下更多錢、擁有更多資產才對。

沒錯，許多中高收入的家庭，**是屬於低金融資產的，甚至零資產的。**

## 賺多花多的零資產族群

很多接受財務建築師諮詢的高收入者，都對自己的報告很驚訝：「明明賺那麼多，自己卻沒有相對應的資產。」這其中有些習慣是無法察覺的，當收入比較高的時候，每個月定期會有一大筆收入進帳，光憑當月的薪水就能維持家裡高額開銷，就算偶爾出現赤字，也多少能用年終獎金來補貼，所以，難免會產生「財務狀況還算過得去」的錯覺。日子就這樣稀里糊塗的過去了，其實這就是財務實力和財務想像力之間的落差。

我們再用以下的公式來說明，問題的根源在哪裡。

$$\frac{財務想像力}{財務實力 \times 風險因子} = 財務壓力閾值$$

大多數人是用財務想像力（分子）想像自身的財務能力，但實際的財務實力（分母）通常是未知的，主要原因有：

1. 不清楚自己的收支情況

2. 從未編制過財務報表

3. 過度使用信用卡消費，尤其是信用卡分期付款，累積數筆消費後，連自己都分不清未來總共還有多少尾款待付。

4. 未完整評估投資的資金，未來是否會因現金流缺口或臨時大筆花費而需被迫賣出，因而遭受投資損失。

這輩子，賺多少才夠？

5. 忽略風險因子發生時，對財務的影響層面，常見
   的風險因子有：因生病、意外傷殘或失業造成工作
   收入中斷，以至於收支失衡而存量也不足以因應支
   出。


因此，我們何時會知道財務想像力與財務實力的落差
過大呢？

常常是在財務壓力出現且超出自身能力範圍後，才知
道原來財務想像力遠遠大於財務實力。只是，這個時候
知道，往往已經為時已晚，錯失良機。這時要不是開始
出現債務，就是無法在理想的時間點退休，只好繼續工
作。


其實啊，人的一輩子可以賺多少錢、可以透過財富換
來多少幸福，都取決於原生家庭的金錢觀念，以及所
受的金錢教育，偏偏大多數台灣人都沒有全盤的認知，
這真的非常可惜。我想強調的是，能不能正確累積資產
和儲蓄，與年收入的多寡無關，這完全取決於，你有沒
有正確的金錢觀和習慣，持續讓自己做出對的事情。

## 問題點 2 滿手現金的風險：錢會越來越薄

我認為，他們還有第二個需要留意的，是「現金部位占比過高」，他們的超額現金比 419.06%，也就是手上能支配的現金很多。

當然，現金部位擁有絕佳流動性與安全感，也可以實現短、中期財務目標，但是，以現有利率環境分析，通貨膨脹率大於存款利率，我們的資產容易呈現出「負利率」的情況，也就是現金的購買力將隨時間下降（錢越來越來薄），負利率將逐步侵蝕辛苦累積的資產。

所以，要解決阿巧及小戴夫妻關心的議題，必須針對以下三點進行整體分析，才能正確估算各項財務目標與現有資產間的關係：

**未來：**家庭現金流量未來的變化

**目標：**各項資產在完成各項目標時的存量變化

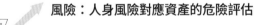

**風險：**人身風險對應資產的危險評估

為了清楚呈現家庭現金流與存量，對應未來人生財務目標完成率的變化，我們從多年的市場運作經驗中，發展出一套以財務工程學為基礎，整合財務金融、數學、統計並結合人生財務藍圖的演算法，我們稱為：「全生涯財務模型」。

　　依模型參數設定後，我帶入阿巧及小戴人生藍圖及各項財務目標，經過演算後，全生涯財務模型就可透過圖表產出，如下圖：

――― 支出
――― 收入
▬▬ 累積資產總和
▭▭ 資產缺口

## 年度收支圖

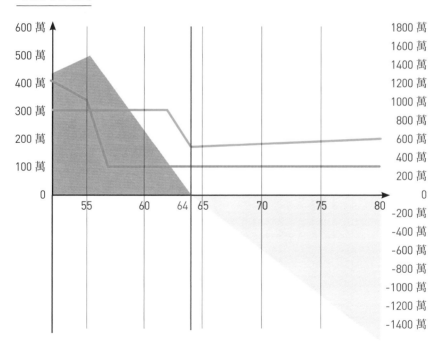

從模型中，我們可以清楚的看出，64 歲的他們就會面臨一個非常大的分水嶺：紅色的資產，居然變成了負數！

怎麼會這樣？

為了瞭解各資產的相關變化，我們將各資產的變化用累積柱狀圖呈現出來，這樣能更清楚的看見不同資產的變化：

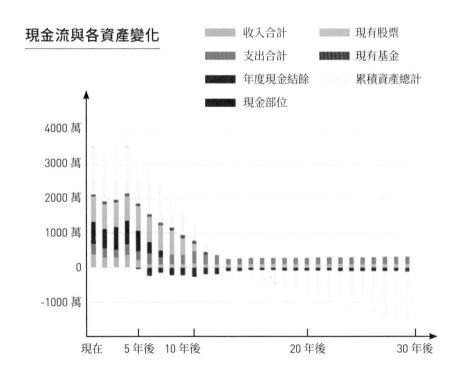

現金流與各資產變化

收入合計　　　現有股票
支出合計　　　現有基金
年度現金結餘　累積資產總計
現金部位

小戴希望能在 5 年後提早退休，從上圖可清楚看出，5 年後少了小戴的工作收入，家庭現金流結餘（紅色區塊）將於第 6 年度由正轉負，連帶使得資產總額（淺藍色區塊）開始逐年下降。

7 年後子女出國留學，留學費用激增，屆時現金部位（紫色區塊）將迅速下降，並很快的在第 8 年度用盡。

為了持續供應子女留學費用支出，第 8 年度後開始陸續賣出股票用以填補因留學費用造成的現金流缺口，經過推算，股票部位也將在第 10 年全數賣出。

到了阿巧 64 歲時（第 12 年度），家庭可變現的流動資產將全部消耗殆盡，只剩下自用資產了，在不動用自用不動產的前提下，夫妻倆的退休金完成率只有 40%。

從我們的「全生涯財務模型」清楚的揭露了，「小孩留學費」排擠「父母退休金」問題，有極高機率會發生。

## 為了解決這個問題，
## 超額現金就是處理的重點

前面講到的生活費用比過高，我建議他們調降家庭生活支出 10%（現有支出打 9 折）。另外取消換車的目標，調降旅遊金 50%。

為了讓投資部位能長久持續，建議阿巧成為自由工作者後，設定年收入門檻在 40 萬元以上。

至於超額現金比過高，我建議提出 250 萬元現金作為單筆投資資金，以及每月 3.9 萬元的定期定額投資，並依據穩健型投資人的股債配置比 1:1，做為組合配置參考，標的可參考全球型股票及債券 ETF 做選擇，並且考慮複利投入。

經此調整，夫妻兩人未來的所有財務目標都能完成，而且推估阿巧 80 歲時，生息資產仍有近 800 萬元的存量。調整後的結果，我們看下圖就可以一目瞭然，資產缺口已經消失了。

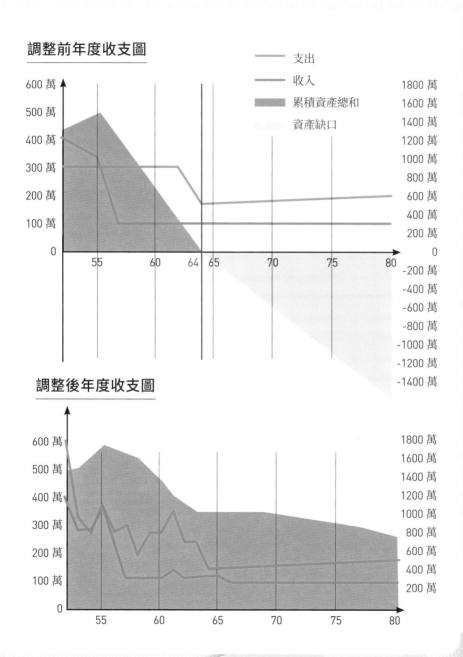

## 調整前年度收支圖

支出
收入
累積資產總和
資產缺口

## 調整後年度收支圖

## 認清財務實力，
## 好習慣給人生帶來的複利會更好

大眾對於自身財務能力的判斷，往往出於直覺及過往的經驗，就像阿巧夫妻，努力工作 30 年，累積淨資產 3,000 萬元，房貸還完了，生息資產也有 1,500 萬元，以為往後的日子可以如自己所願，讓子女出國深造取得好的發展基礎，也讓夫妻倆能安穩退休。

從他們的個案，我們可以看到，流量管理與資產配置的重要性。如果不是經由我的「全生涯財務模型」的演算，這對夫妻絕對想不到，實際的情況與想像落差如此之大。

大多數人「賺多少，花多少」的觀念，使得他們的收入無法累積複利。他們不知道，**這世界上絕大多數成功，是抓住了複利：積小勝為大勝，積小事為大事，積小利為複利**。投資可以複利，習慣更是可以複利。隨著時間的拉長，邊際成本足夠低，收益才會慢慢變大。

在時間的路上，假設方向正確且堅持時間夠長、壁壘夠高，不管是金錢或人生，這條路會引領你走向長期收益，長期收益的好處，遠比你想像的更豐盛！

# chapter *8*

# 建築你的財務時，儲蓄率是核心價值

**我**很喜歡一句話：影響你是否能達到財富自由的關鍵，不是賺多少錢，而是留下多少錢。也就是你的儲蓄率高低。

## 儲蓄率幾乎主宰一切

如果你的儲蓄率只有 5%，以一位 22 歲剛出社會的年輕人來說，必須要工作到 80 歲左右才能退休，

聽到這邊，我想大部分人應該直接放棄退休和財務規劃了。

因此，想要讓抵達退休的時間提早，你必須從提高儲蓄率下手，這是無庸置疑的。

行政院主計處統計家庭儲蓄率平均落在 20%，在 20% 的儲蓄率底下，24 歲年輕人完成的時間差不多是 60 歲，跟法定退休年齡 65 歲差不多。

也就是說，如果你的儲蓄率和其他人差不多，你們退休的年齡也會差不多。

寫到這裡，你應該會發現，那些能夠提早退休、達成財務自由的人，他們的儲蓄率是和你不同的。根據統計，提早退休者的儲蓄率通常都是 40% 以上，是台灣家戶平均儲蓄率的 2 倍以上，這個數字需要一點自律才能夠達成。

收入流入大於支出，儲蓄率才能越來越高，財富水庫也才有水。

然而，高儲蓄率的影響真的有如此巨大？

我難道不能透過高收入來完成嗎？

## 該怎麼提高儲蓄率？

大多數人想到「提高儲蓄率」的方法就是「增加收入」，以為收入增加了，增加的部分就都能拿來做為儲蓄的來源，

但是讓我問你一個問題：當你收入提高時，儲蓄有提高了嗎？就像上一頁財務水庫這張圖一樣，進來的水多，出去的水更多，水庫的水是不會增加的。

透過我無數個客戶的經驗，我們得知，實際情況是**在沒有清晰的財務藍圖指引下，收入的增加，只代表可花費的資金增加。**

白話一點就是，當你手上資金寬鬆時，你會去追求更高質感的生活條件，自然支出也同步增加了。

## 為什麼收入增加時，無法留下更多錢？

因為一般人對收支管理的概念是：

收入－支出＝儲蓄

在這樣的條件下，支出當然很容易爆表。

## 收入先減儲蓄，才是可花費的

聰明人：

收入－儲蓄＝支出

一般人：

收入－支出＝儲蓄

這個概念你可能已經聽過，但是如何將這個概念實踐並能持續，讓自己真的把錢留下來，實務上還有許多挑戰要克服的。

大部分人把支出管理想像成數學的加減乘除這麼單純，原本的支出是多少，然後把支出打折，再配合記帳就可以了。

如果這樣做就能有效的解決支出控管問題，我想現在應該不會出現收支失衡的人了，但事實是，仍然有許多人無法有效的管理自己的花費。

為何如此？

要根本解決問題，我可以很簡單的歸納成兩點：

## 問題 1　財務管理不是單純的數學加減，而是人性管理

首先，要認知「財務管理行為」是人性典型的展現，並不是單純的數學計算而已，基於求生本能的演化過程，我們對於立即的危險會出於本能反應去規避，並且遠離，但財務行為產生的危險，往往有遞延效應。

拜「現代付款多元化發展」以及「個人信用擴張」結合之後，我們有很多方法可以延遲付款，包含信用卡、

借貸等，遞延效應已經讓多數人們無法在消費的當下警覺到財務危機在步步進逼中。遞延到最後的結果，就是存不到錢之外，還不知不覺累積了許多待付帳單，甚至出現繳付年息 14.99% 的高額信用卡循環利息（法規規定信用卡公司不得收取超過年息 15% 的循環利息），然後卡奴族就出現了。

## 問題 2　調整支出與儲蓄的順序，結果就能大大的不同

其次是傳統的收支管理概念要改變，把優先順序做個調整就能得到很大的效益，原本的「收入」減「支出」等於「儲蓄」改成「收入」減「儲蓄」等於「支出」。把儲蓄放在支出前面，代表儲蓄的錢先存下來，剩下再來花費，這樣可以確保我們的儲蓄一定可以留下來，而不會被花掉。

**解決** 從人性來看：如何克服誘惑，不被消費引誘？

　　那麼，如何持續進行先儲蓄再支出的行為，不會被眼花撩亂的各式商品迷惑呢？

　　舉簡單的例子，想像一下我們有個國外旅遊計畫，但我們的預算有限，口袋名單裡卻有五個國家，各有不同特色，費用也差不多，如果只能選擇其中的一個國家，你會如何取捨？

　　我想不論最終選定的是哪個國家，過程裡絕對是刪除了四個國家，留下一個最符合我們想法與預算的國家，是吧！

這個舉例，有兩個重點，第一個是「需求」，第二個是明確的目標就是「預算」，所以先確定需求再根據預算來選定結果，就可確保不會超出預算且能獲得需求的滿足。

*chapter* *9*

# 每個人生都該有北極星：
# 財務藍圖對人生的指引

我想從一個創業者的故事，來談更深層的需求。

　　我有一個客戶叫壯壯，因為有過敏體質，所以大小感冒不斷，父母也因此對他特別呵護。也就這樣，從小綽號藥罐子的他，上大學後為了吸引異性眼光，開始運動健身並且調整飲食與作息，經過一年多的調整，像是換了一個人似的，身形變得挺拔，臉上也綻放了自信。

　　這樣的改變，當然成功吸引到異性的關注眼光，交到

了理想中的女友，真是文弱書生的逆襲。

隨著大學畢業的來到，壯壯開始思索著自己畢業後的人生計畫，由於自身的健身經驗，讓他想要以健身事業做為自己事業發展的起點。

於是，退伍後，他找了兩個也是熱愛健身的死黨，準備開始複合式健身房的創業計畫。

## 開始繪製自己的人生藍圖

他們初步的規劃是要先準備創業金 450 萬（包含：健身器材、設備、裝修、營運週轉金），但是 3 個剛退伍的年輕人，怎麼會有這些錢，於是他們決定以 3 年的時間做準備，盡可能地存錢，萬一時間到了錢還不夠，備案就是跟家人或是朋友借錢。

他的複合式健身房構想，來自他的健身經驗。他發現，只努力鍛鍊肌肉，而沒有適當的飲食搭配，效能將會大大的下降，他理想中的健身房，不僅能提供量身定制的健身餐服務，根據會員的個別需求，給予適當的飲食配方。

創業者對於自己的創業想法總是非常樂觀，壯壯也不例外。但是，想法要能成為實際的執行計畫，當中有許多細節要釐清。

更完整的說，就是在「財務面」與「經營面」上，做出最有效的資源分配以及準備，讓他們的創業之路不要走得風雨飄搖而經不起任何的變異，導致失敗的結果發生。**財務建築師不僅協助私人財務，也能協助創業者在「公司的錢該怎樣規劃上」思考得更周全。**

## 90% 的新創企業撐不過 1 年，超過五年的企業只占 1%。

創業本來就是風險極高的選擇，大多數的問題是，創業者只想到「如何實現自己的創業思維」，對於財務能力是否能夠匹配，欠缺全盤思考與評估，又或者是創業者根本不知道如何評估財務能力。

還好，壯壯在尚未開始執行前，就先找到財務建築師來協助他們進行整理的評估與診斷。

針對壯壯的創業計畫，我們市場調查並蒐集了健身房的資訊後，協助他們先建立了 3 年營收試算表，主要

是從「固定成本」與預估的「變動成本」來推估應有的營收，在合理的實際運營模式下，試算出該有的會員人數、課程收入、健身餐銷售數等。

在跑過財務模型後，我們先替他簡單歸納出第一年到第三年的營運目標：

**第1年**　　每兩個月需售出 10 位 24 堂課程，每天售出 24 份健身餐點

**第2年**　　每兩個月需售出 15 位 24 堂課程，每天售出 40 份健身餐點

**第3年**　　每兩個月需售出 20 位 24 堂課程，每天售出 40 份健身餐點

## 創業資金的準備

清楚了創業初期 3 年的營運目標後，壯壯 3 人開始很認真的思考，如何開發會員、研製健身餐點與健身課程，這樣一切都有衡量的基準點，感覺更為踏實。

但是，壯壯他們的的創業金，初始需要 450 萬，平均一個人需要準備 150 萬，多久才能準備到位呢？他們又該如何有效率的完成這個艱鉅的任務？

我們回來看壯壯的收入，有基本底薪與按當月績效給的變動獎金，平均落在 6 萬多元，經由計算出各項財務指標後，在流量管理部分，他有兩個需要特別留意的財務指標：

$$\frac{\text{年度生活費用支出}}{\text{年度收入}} = \text{生活費用比 39.8\%}$$

（理想值 20%~30%）

對於單身者而言，最好能維持在 20% 左右，

若是已婚有子女者，也不要超過 30%。

$$\frac{\text{家庭年度雜費支出} + \text{治裝費} - \text{捐款} - \text{進修費用}}{\text{家庭總收入}} = \text{休閒娛樂比}$$

（隨性消費）23.6%

（理想值 <10%）

這裡的家庭年度雜費包含：休閒娛樂旅遊費、健身費用、治裝費等。

這輩子，賺多少才夠？

## 創業者壯壯的家庭總支出

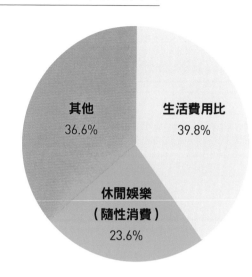

單身者常常出現的財務黑洞，就在平時的休閒娛樂費，每天看似不多的花費，累積下來可是很可觀的。

單就這兩項指標加總就已達到 63.4% 的年度收入占比，加上其他支出，壯壯總支出收入比來到 93.5%。

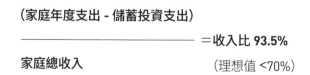

## 731 原則

7：家庭總支出 70%

3：儲蓄率 30%

1：家庭總支出 70% 中
　保費最好是 10%

　　根據 731 原則，70% 的支出中，除了生活費以外，還要分配到房租或房貸、子女撫養費、父母孝養費、休閒娛樂費以及保險費，如果沒有適度的按比例做好管理，很容易就會支出超標。

　　如果壯壯無法盡快提高儲蓄率，創業金將需要 15 年以上才能準備到位，這還是未計算通貨膨脹率的情形下所需的時間。

## 從需求找回人生藍圖

　　當然，我們的人生計畫裡不會只有單一目標，把人生的時間軸線往後延伸出去，你會發現不同的人生階段對應著不同的目標與計畫，用整個人生的高度來看待財務管理，你會發現「需求」變成「人生藍圖」、「預算」變成「財務資源」。而我們的人生功課，就是如何在有限的財務資源下，實現自己的「人生藍圖」，你說是不是呢？

　　「是不是只要努力工作，就能實現的人生藍圖？」

「是不是只要努力存錢，就能實現的財富人生？」

好像不是，對吧！

因為努力工作、努力存錢都只是基礎，重要的是要先清楚「人生藍圖」裡有什麼？再來才是努力累積財務資源，並且找到符合自身需求的財務管理模式，然後持之以恆的努力實踐。

就像壯壯一樣，經過整體財務規劃，他找到了提升儲蓄率的有效方法，同時更加堅定自己的創業計畫如何可以一步步的努力去實踐。

你呢？你的人生藍圖又是什麼呢？你找到了符合自己的財務管理模式了嗎？

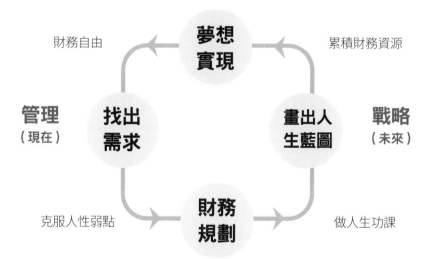

# chapter 10

# 如果我努力投資，是否就有可能擺脫人生財務問題？

可能是，可能不是。原因是我們的大腦，不太適合頻繁交易。

根據《投資進化論》這本書提到，智人的發展還不到二十萬年，從那時候開始，人類大腦幾乎就沒再成長過。大腦是一個幫助我們荒野生存的工具，常存在「要戰鬥了嗎」與「要逃跑了嗎」兩種思考。這是為了在危急時產生快速反應，快速而果斷的行動，可以讓我們有

效的躲開野外的攻擊，但對於現代人的投資行為，大腦卻沒什麼用。

我舉幾個例子你們就知道了：

| 你以為的 | 實際上的 |
|---|---|
| ・你很小心設定好停損點和進場點 | ・只要出現兩根以上的紅 K 棒，或者發現巴菲特買進時，你就會無腦跟著買 |
| ・你十分清楚自己能承受多少風險 | ・你在買以前想說我要當沖個便當錢，買之後大跌就腳麻，變成長期投資的存股 |
| ・你認為一天賺個三四千，頻繁交易所帶來的利潤比上班更容易 | ・不管是國內還是國外，大量投資報告都顯示，當人類的交易頻率降低時，長期來看，利潤最好 |
| ・非常努力研讀財報，發現其中的投資機會 | ・有時候股市的即時漲跌與財報並沒有立即的正相關，你很快扼腕並賣出 |

本金大的人，通常不願意冒太大風險，但是在投資市場裡，會為你帶來鉅額報酬的，通常都是現階段看不到營利、具有未來性和大量風險的標的。

而本金太小的人，很難只接受 5~20% 的報酬率，儘管這對大資金來說已經夠了。少數衍生性商品，例如權證、選擇權，可以用較低的資金操作，但操作這類高風險商品，錢太少通常是九死一生。

各種不理性的決策，導致投資的過程通常不太順利，那我們該如何面對？

其實要解決各種人性上的偏誤，最簡單的方法就是排除主觀決策，以被動式的指數化投資為主，拿出紙筆，把預先訂定好的投資計畫寫下來，有助於你遵循原本的想法，不受心理影響。

關於買賣的時機也很簡單，就是遵守「不擇時進出」的原則。我們看看美股中下跌循環和回升循環，回測 160 年前的曲線，你就會知道這個道理。

這輩子，賺多少才夠？

## 下跌循環與回升循環

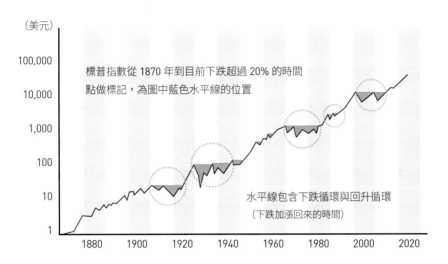

（美元）

標普指數從 1870 年到目前下跌超過 20% 的時間
點做標記，為圖中藍色水平線的位置

水平線包含下跌循環與回升循環
（下跌加漲回來的時間）

記得一句話：如今的相對高點，放在未來可能是極佳
的便宜價格，在這個原則底下，買進其實只要選擇簡
單的定期定額或是直接單筆投入，不須花時間與精力
判斷行情的高低點，因為多數人根本沒有這種能力，
花費這些時間成本，幾乎都是徒勞無功。

賣出呢？是否要適時的獲利了結？不用！

不擇時的原則，除了不擇時「進」以外，還不擇時
「出」。

賣出的時機有兩個：

❶資產之間的再平衡

❷ 當你需要用到這筆錢的時候

無須預設任何高低點、無須關注各種總經數據、更無須時時盯盤。只要定期買入，長期持有到目標達成的那一刻。

投資可以很簡單，難的是人性上的堅持。

這輩子，賺多少才夠？

## 投資不是最重要的，配置才是

　　投資最大的恐懼就是風險，而資產配置是透過分散投資讓資產承擔可接受的風險與報酬，目標並不是創造最大報酬，而是控制風險。若能每年再平衡一次，就如車子送去保養廠保養一樣，車子得以進行一些調整跟維護，這樣的目的是讓車子可以開得更長久。

　　資產配置也是，若可以定期再平衡，則可以讓資產配置的資產維持長久競爭力，讓偏離的資產比例適度回歸正常，同時也能適度獲利了結漲多的部分加上適度加碼跌深的部位，投資人的心理也可以有獲利了結，入袋為安的安心感，不會一直擔心帳上獲利會錯過獲利了結的時機，這樣達到一魚三吃的效果，才可以持續長久維持資產配置。

　　下面，我會再講一個故事來解說。

*chapter* **11**

# 我的工作總是驚濤駭浪、無法長久，該如何計畫？心臟外科的春天

歷史上每一次疫情爆發時，醫療總是人類的最後一道防線，也因此各地都會大量缺乏醫生。歷史上曾記載，在中世紀黑死病盛行之時，地方政府會出高價從外地聘請醫生，也有人會去綁架專治療瘟疫的醫生，對政府勒贖大筆金錢。

這樣的狀況，即便到了本世紀也不例外。

2019 年末，Covid-19 很快的傳播至全球各地，因染疫病故的人數不斷激增，各國醫療院所人滿為患、醫

100　　　　　　　　　　　　　　　　　　　　　這輩子，賺多少才夠？

療人力不足，體系幾乎崩潰的狀況持續上演。

　　各地的醫療院所，瞬間都變得讓人難以踏入，但是我卻認識兩個奮不顧身到第一線救人的心臟外科醫生夫妻：小佩與阿德。這對熱血夫妻，2020年投入第一線醫療。雖說趨吉避凶是人的天性，可是他們卻反其道而行，冒著高風險去救治惶恐虛弱的病人，為他們處理病體，甚至做好了自我犧牲的準備。


## 所謂的歲月靜好，
## 其實是有人在為你負重前進

　　小佩和阿德跟我說，在幫病人插管時，病患難免咳嗽，噴出來的病毒，可能藏在身上，因此神經繃得特別緊。阿德說：「回家時，我都會反覆清潔好多次，萬一我重症，至少小佩能活下來。我們兩個都是醫生，多一個人平安，防疫的戰力才不會減損。」身上雖扛重擔，但看到病患因自己的努力，解除危急，身為醫生的責任感也油然而生。

　　不過，疫情再怎麼慘烈，也一定會雨過天青，除了職場的使命，人生的軌跡總要繼續。他們找到我，想問問我能不能幫他們計算一下，怎樣實踐他們的目標。

隨著疫情慢慢降溫，他們計畫著因疫情而暫停的計畫：首先，補辦一場被耽擱的海外婚禮；醫院人力不吃緊後，可以生兩個小孩，並且讓子女接受國外教育，他們設定每個子女需要準備 1,000 萬教育基金。小佩希望在第一個小孩出生後，多花些時間陪伴子女，善盡媽媽之責，所以子女出生後，因此她想調降自己的排班時間，收入也會因此而下降。

由於二人擔任心臟外科醫生，長期處在高壓環境下，壓力和心理管理是重要的，他們想每年一次前往國外散心，編列了 30 萬元旅遊預算。手術室裡的每一分、每一秒都是在與死神拔河，很難長時間的持續，也由於體力會因年齡關係而逐步下滑，所以心臟外科醫師大概從 50 歲起，就會減少進手術室的次數，收入自然也會減少，再加上沒有勞保與勞退保障，退休金的準備來源就要好好思考（註）。

註：醫師族群在 2019 年九月後，才適用勞基法，享有勞退新制 6% 提撥，但對象限定為住院醫師，一旦升上主治醫師，就被排除在勞基法之外，因此，退休金準備，可以說幾乎須由個人自行準備。

　　　　　　　　　　　　　　　這輩子，賺多少才夠？

小佩期望自己能在 50 歲退休，阿德則設定在 55 歲退休。

## 高收入族群，也需要財務規劃嗎？

你可能會問，他們是醫生耶，算是中高收入的族群，有需要財務規劃嗎？

許多人以為，「高收入」等於「富有」，媒體也經常以年收入多少來論斷名人的身價，但事實上，一個人的收入多寡，並不能反應他真實的財務狀況，賺多少錢雖然重要，但不是核心。

原因出在，賺多，不等於能留多。

月收入高的人，也會傾向選擇品質好的商品，以比例計算來看，收入高的家庭平均各項支出比更高，且令人最擔憂的是，高收入族群對財務的控管，反而比較忽視風險，因為每個月來錢快，危機感低落。因此，有些人雖然擁有高收入，但資產淨值低，萬一財務控管不當，缺口的金額會比較難彌補，更容易陷入難以挽救的財務危機，瞬間壓垮一家人。

## 醫生是沒有退休金的，該如何思考？

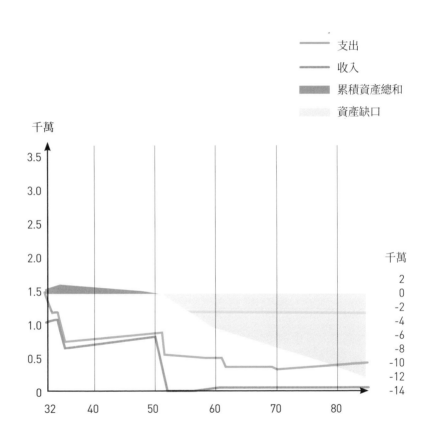

在不計入自用不動產的前提下，從全生涯財務模型演算得知退休準備有極大缺口，就算計入自用不動產，退休準備仍然明顯不足，如下圖。

　　　　　　　　　　　　　　　　　這輩子，賺多少才夠？

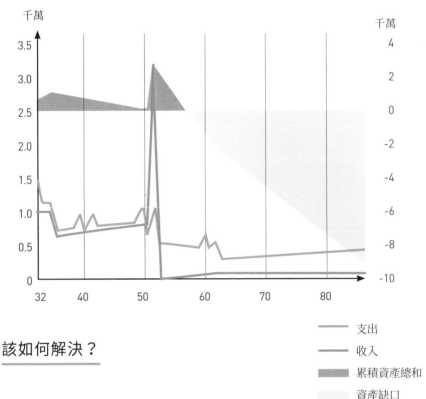

千萬 (left axis)
3.5
3.0
2.5
2.0
1.5
1.0
0.5
0

千萬 (right axis)
4
2
0
-2
-4
-6
-8
-10

32　40　50　60　70　80

──── 支出
──── 收入
████ 累積資產總和
░░░░ 資產缺口

## 該如何解決？

　　為了實現醫師夫妻儘早退休的目標，我們建議將現有
生活費與雜費調降 20%，由於小佩預計小孩出生後，
看診時間會減少許多，因此在不調降夫妻退休生活需
求的情況下，小佩必須延後至 60 歲退休，阿德因為並
未減少看診時間，所以可以維持退休的計畫。

　　經此調整，全生涯財務模型演算後，夫妻倆的人生計
畫與財務目標，都能順利完成。

## 年度收支圖

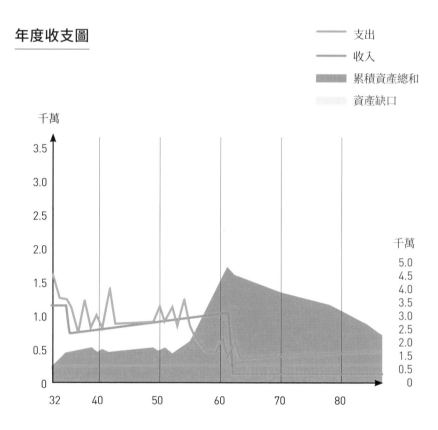

在我們的規劃建議方向下，讓小佩及阿德充分了解，在現有的財務資源下，如何找到最合適的退休時間表，同時又能在退休前，完成子女教育金、房貸、旅遊、父母孝養費等各項財務目標。

　　　　　　　　　　　　　　　　　　　這輩子，賺多少才夠？

## 工作高壓，不需要再去追高報酬投資

在符合他們投資風險屬性下，不追求過高的投資報酬率，即能穩健的執行各項計畫，也不會出現因實現財務目標造成的該年度資金流動性缺口。這也能讓小佩、阿德夫妻，能夠心無旁騖的熱血救人，不需下班後，還要不時檢視自身的財務情況及投資，省了時間更省心。

有人問我，這夫妻兩人的收入都很高，怎麼還是要工作到 60 歲才能退休呢？

在我經手過的許多案例中會發現，高收入的族群常會盤算早點退休，但事與願違，其關鍵因素有二：

### 1. 生活品質要求較高

中高收入者對生活品質有所要求是合理的，畢竟辛苦賺錢，對自己好也是正常，這個月卡費高一點，下個月的薪資進來也就沒事了。對他們而言，「一次性」的消費不成問題，容易出問題的是「持續性」的消費支出。

以小佩阿德為例，購置了一棟總價不低的好房子。多年的高薪所累積一筆可觀的頭期款不成問題，但每個月需要定期償還的一筆高額月付金，在他們高風險的工作下，持續償還高額的房貸是有疑慮的。這也是為何許多人在財務窘困時不得不賣屋的原因。

### 2. 中年失業或者遇到轉折

如果是遭遇景氣不佳或是公司營運出狀況時，高收入者由於薪資較高，常會被視為裁員的首波名單。而這就是導致許多人中年遇失業的原因。可參考之前與創業有關的財務個案。

我的想法是，高薪族相較於其他人，已經是贏在起跑點了，但若想笑著跑到終點，完成退休目標，資金的運用就顯得非常重要。人生是一場馬拉松，如果在看到危機時，不能馬上應對現狀，將會越跑越痛苦，越跑越落後，想再重新開始？更是難上加難。

　尤其在疫情之後、動盪頻仍的狀況下，我認為世界的危機仍無處不在，主軸仍是「變」。對於企業，已無任何商業模式能持續五年以上；對於個人，沒有一種競爭力可以永恆。如果你能主動出擊、捕捉變化，將「可怕的變化」調整成「利於自己的變化」者，必將走得更快、更遠！

# chapter 12

# 請你列一個恐懼清單，搞懂自己的恐懼

我想你一定聽過成功學大師教我們的目標管理，不管是彼得杜拉克的 SMART，或者是 Google 的 OKR 都說了很多關於目標達成和風險規避的重點。當然，這些方法都很棒，但是以我們財務建築師來說，完全的「規避風險」是不可能的，「控制風險」才是基本中的基礎。

價值投資大師霍華·馬克斯告訴過我們，單純的規避風險只會讓我們錯過財富，錯過安穩退休的可能；而控制風險，讓我們在安全的範圍內嘗試。

人類永遠不會有預測未來的能力。這並不意味著我們就是放任危險在身邊，我們必須接受：人永遠都會做出錯誤決策，以及要面對錯誤決策帶來的後果。比概率更重要的，是面對後果。即使，你是在做一個高概率的事，但是你依然可能傾家蕩產。風險控制，就是要做到為後果負責。

所以，思考財務目標之前，我想請你先面對人生最恐懼的事情。

## 財務整理為什麼要面對恐懼？

有一句話是這樣說的：

**「我們受的苦，大多來自想像，而非現實。」**
(We suffer more often in imagination than in reality.)

這是古羅馬時代的哲學家 Lucius Annaeus Seneca 說的，他把事情分成「可控」與「不可控」，不可控的事物，我們不需要多掛心，因為想的太多還是無解。

與其擔心明天會不會下雨？不如今天就備好雨傘吧！天氣是不可控的，但準備一把傘卻是可控的。

與其擔心車禍隨之而來的傷害，讓你喪失上班收入、增加醫療費用，不如今天就檢查車子、準備好保險，支付可能出現的損失！車禍是不可控的，但是維修和保險是可控的。

　　而且，通常風險都會讓我們損失已經擁有的，並且會造成我們的情緒反應，而太多的情緒反應，會帶來更多的損失和問題。所以，與其請你定義更多夢幻且你自己無法計算的理想前，我想請你先定義你的恐懼。

　　《一週工作4小時》的作者提摩西‧費里斯（Timothy Ferriss），他身為五本暢銷書的作者，且有著成功的事業，在三十歲以前就財務自由。不過，他卻曾有結束自己生命的念頭，在人生中的低谷，他發明了恐懼設定清單（Fear-Setting List）。

　　他是這樣說的：「去面對你最大的恐懼，你終將放下恐懼。」他的意思是，你應該將焦點放在「你能做些什麼」，而不是待在恐懼裡。

　　比方說，有些客戶在兒時見過父母在股票市場傾家蕩產，讓他們對投資有著極度的恐懼，當我建議他們可以將部分資產配置放到穩定的投資組合時，他們會向我說出心底最底層的恐懼：「如果我把金錢投入投資，我會不會血本無歸？」

這時候，恐懼清單就是個不錯的方法，通常你可以這樣做：

「如果做這個投資，最糟的情況會是什麼？」

接著寫下答案：

「最糟的情況是錢賠光了，或是沒地方可以住。」

然後，再把最糟糕的結果列出來，同時想辦法解決：

「如果錢沒了，該怎麼做才能再賺回來？」

換句話說，如果發生的事你都能預先想到，便可以展現解決的能力；就算不如預期，你還是有辦法執行另一個可能的行動計畫。

如此一來，你就可以不讓恐懼激發你的想像力，而是開始發展具有解決能力的想法。

而最後，你應該寫下：「如果你不做，會錯過什麼？」

例如，你想要在 65 歲時退休，而退休金需要 3,000 萬，如果你不做投資，有可能在你預想的退休時間前，達到目標金額嗎？把問題拆解到最小，再去面對。

而財務建築師，就是協助你拆解問題，並且陪伴你一一面對的人。

## 拆解「恐懼清單」

　　恐懼清單簡單分成三個問題：

### 1- 先清楚寫出你的恐懼是什麼

　　問題：

.................................................................................

.................................................................................

　　解決方法：

.................................................................................

.................................................................................

.................................................................................

## 2- 寫下嘗試去做的好處和改變

好處：

........................................................................

........................................................................

改變：

........................................................................

........................................................................

........................................................................

## 3- 不行動的代價

　　恐懼設定清單最大的好處是「讓恐懼清晰化」，好好克服並採取行動。

　　遵循上述三個步驟「定義」、「避免」、「修復」完成恐懼設定清單，相信恐懼明顯的更清晰。你也會覺得自己更有信心去克服他們。 最壞的情況，可能並不像你心中想像的那麼糟糕，而不行動的風險，或許比你猜想的還嚴重。

當然，原生家庭帶來的傷害和記憶，不是恐懼清單就能解決，還要透過療癒去練習與自己和解，但是恐懼清單能夠讓我們在當下不要在想像裡受苦。

　　接下來，我要講一個與人生最底層的恐懼有關的案子。

這輩子，賺多少才夠？

| 定義出恐懼的原因 | 該如何避免 | 如何修復 |
| --- | --- | --- |
|  |  |  |
|  |  |  |
|  |  |  |
|  |  |  |
|  |  |  |
|  |  |  |
|  |  |  |
|  |  |  |
|  |  |  |
|  |  |  |
|  |  |  |

12. 請你列一個恐懼清單，搞懂自己的恐懼

# chapter 13

# 所有的準備，都是以愛為起點，以思念為終點：**身後遺產的安排**

你會在新年為自己許下願望嗎？或者是到一個新環境時，給自己一個全新的抱負？我們終其一生都在規劃，並預想下一步的目標，但是只要一想到臨終或死亡，總是不願意規劃、甚至放任祂給我們一個措手不及。

「到時候再說吧！」

幾年前，當我面對長輩的臨終時，我有很深刻的感受，我的家人們雖然都受過高等教育，收入還過得去，

卻仍對此一無所知：我們該先顧及長輩的情緒？處理自己內心的恐懼？喪禮的細節？有沒有遺囑呢？

當生命即將終結，如何讓逝者與在世者少一點痛苦與煎熬，多一分尊嚴與安然？「人終將一死」說起來容易，等到自己實際面對時，方知其艱難。

我們身處的文化，常常否定死亡、忽略老邁。但我們不該再固守舊觀念，應該去了解我們將會面對什麼，這樣便能幫助周遭的其他人盡可能善終。反過來說，我們獲得的知識和經驗，也將在我們的那一刻來臨時幫助自己。

特別是，像小貞這樣的故事，每每想起，總是讓我在夜裡百轉千迴。她教會我勇敢面對生活的殘酷，心中有愛就能幸福。

小貞是一個堅強的女人，求學生涯在半工半讀中勉強高中畢業，為了減輕家中財務負擔、讓弟妹順利升學，她主動放棄大學學業，選擇就業，找了一份科技業生產線作業員的工作，雖然三班制很辛苦，但比起一般性質工作，收入算是豐厚。

由於工作忙碌，小貞不太有機會結交異性朋友，工作幾年下來，已到了適婚年齡，小貞心中也有著少女憧憬，覺得應該找個對象，共組家庭。

於是經由同事介紹，她很快認識了擔任公職的男友，因為沒有太多戀愛經驗，初次墜入愛河的她，沒有經歷磨合期就結婚了。也因為如此，婚後雖然兒子、女兒陸續降臨，並沒有為夫妻倆的感情打下牢靠的基礎，反而因為女兒的一場病，帶來問題：她先被診斷出罹患先天性疾病，經歷了三次手術，暫時解除了生存危機，但仍需定期回診、長期服藥控制。

　原本應該是夫妻共同分攤家庭責任，配偶除了偶爾貼補一些家用外，照顧兒女的責任幾乎都由小貞一肩扛下，為了家計與醫療照護費用小貞仍要工作，長期處在身心疲憊的狀態下，幾乎耗盡小貞所有心力，身為人母的她，仍然堅強的面對這一切。

　就在這處境艱難的狀況下，先生開始夜不歸營，小貞的直覺告訴她：先生在外有了第三者。

　極度疲憊又心力交瘁的她，卻在此時身體出現狀況，癌症找上了她。住院治療期間，先生從未到過醫院探視她，夫妻已形同陌路，可想而知，小貞當時內心是多麼的痛苦。

　　　　　　　　這輩子，賺多少才夠？

情況雖然不樂觀，小貞卻未沉淪在痛苦中太久，為了年幼的子女，她拋下感情的煎熬，積極的面對治療，她的情況還算是在控制中。經此過程，她對先生已是心如死水，毫無懸念。

但是，孩子該怎麼辦？

萬一自己不幸又被病魔纏上，那麼誰來照顧兩個年幼的孩子？

財產會不會被不負責任的照顧者拿走呢？

## 人生替我們編的情節，
## 總是比電視裡的更戲劇化

小貞意識到，雖然這些年辛勤打拚，加上保險金給付，累積超過千萬的資產，若發生什麼情況，除了無法放心將年幼子女託付給先生外，甚至還要防範先生出於私利動用這些資產，把原本要留給子女的生活費、教育費及醫療照護費，被隨意揮霍殆盡。

小貞也想過離婚，是否就能解決資產被隨意揮霍殆盡的問題，她了解到生父係為子女的當然法定代理人，縱使解除婚姻關係，仍然無法解決法定代理人的根本

問題，每每想到此處，小貞總是淚流滿面，久久無法平復。

為了找到解決方法，小貞很努力的搜集各種相關資訊、尋求相關領域的從業人員協助，但大多數提供的建議，總是單點思維不夠全面，沒有找到讓她無後顧之憂的綜合解決方法。

就這樣尋尋覓覓的過了一年，不幸的，小貞的癌症復發而且轉移到其他部位，醫生宣告她剩下不到 6 個月的時間。

## 你能把痛苦轉換成禮物嗎？

尋尋覓覓之下，小貞遇見了我們，我們長談之後，將她的念想，歸納出以下三個重點：

1. 如何讓子女在經濟無虞的基礎下，順利完成學業。

2. 配偶為子女的法定代理人，在子女未成年前，如何保護辛苦累積的資產，不會被揮霍殆盡。（註1）

3. 希望留給父母親，兩百萬的資產，報答父母養育之恩，也讓父母可以安養天年。

以小貞的資產規模，沒有遺產稅的問題，但對於她擔憂的資產繼承、分配及管理的問題，就必須預先妥善規劃及安排，才能真正讓她安心，我們從協助的角度提出了規劃方案：

1. 預立遺囑，並指定遺囑執行人（由小貞大妹擔任）

2. 成立遺囑信託及保險金信託，並由大妹、二妹擔任信託監察人

3. 除配偶特留分及父母的孝養金外，其餘資產皆交付遺囑信託（註 2）

　　經由以上規劃，將能解決小貞擔憂的配偶繼承遺產後，隨意揮霍的問題，同時藉由信託監察人的設置，也解決了未成年子女法定代理人不當處分資產的隱憂。由於從小，小貞與兩位妹妹感情最好，對於身後藉由遺囑信託託付給妹妹，她覺得很安心。

## 人生戲劇的最終回

　　小貞在我們的協助下，完成了人生最後也是最重要的任務後，接受了命運的安排，半年後安心離世。小貞在生命的最後幾個月，面對著另一半的冷漠，她都默默承受，雖然沒有時間可以陪著子女長大，仍是集中精神，掛念如何為子女做最好的準備與規劃，母愛的偉大，讓人動容。

　　人生無法由自己寫劇本，我們常遇到各種痛苦的挑戰，很多時候是在發生的當下才知道，但通常為時已晚。我想所有人的功課都是，如何在有限的時間與資源下，為自己及家人預先做好萬全準備，而不是等到問題發生了，才被迫面對。就算我們避不開生命的撞擊，至少能讓優雅的準備，填滿遺憾帶來的空白。

　　「生命的意義，究竟是什麼？」午夜低迴的我這樣想著，這是個很大的題目，從小貞的個案中，我看見了，生命的意義在於愛的傳承與圓滿。

　　那麼生命的價值呢？生命的價值莫過於藉由自身的能力，圓滿別人生命的意義了。記得體貼愛你的人，也為自己的離世做準備。

**附註 1**

關於以上三點，較為棘手之處在於配偶的法律權利，相關法條如下：

配偶為未成年子女之法定代理人（民法第 1086 條），

配偶繼承遺產時與兩位子女三人均分（民法第 1144 條），

如果配偶提出生存配偶剩餘財產差額分配請求權（民法第 1030 條之一），在繼承前先取得雙方財產差額之一半（先生本身揮霍無度，名下幾乎無資產），如此將會出現大部分資產由配偶繼承的情況，

而未成年子女繼承之資產，實質上也是由配偶全權處理，等同於所有資產全部移轉給配偶。


**附註 2**

民法第 1084 條

一、子女應孝敬父母。

二、父母對於未成年之子女，有保護及教養之權利義務。


民法第 1086 條

一、父母為其未成年子女之法定代理人。

二、父母之行為與未成年子女之利益相反，依法不得代理時，法院得依父母、未成年子女、主管機關、社會福利機構或其他利害關係人之聲請或依職權，為子女選任特別代理人

民法第 1138 條

遺產繼承人，除配偶外，依左列順序定之：

一、直系血親卑親屬。

二、父母。

三、兄弟姊妹。

四、祖父母。


民法第 1144 條

配偶有相互繼承遺產之權，其應繼分，依左列各款定之：

一、與第一千一百三十八條所定第一順序之繼承人同為繼承時，其應繼分
　　與他繼承人平均。

二、與第一千一百三十八條所定第二順序或第三順序之繼承人同為繼承時，
　　其應繼分為遺產二分之一。

三、與第一千一百三十八條所定第四順序之繼承人同為繼承時，其應繼分
　　為遺產三分之二。

四、無第一千一百三十八條所定第一順序至第四順序之繼承人時，其應繼
　　分為遺產全部。

民法第 1030-1 條

一、法定財產制關係消滅時，夫或妻現存之婚後財產，扣除婚姻關係存續
　　所負債務後，如有剩餘，其雙方剩餘財產之差額，應平均分配。但下
　　列財產不在此限：

　一、因繼承或其他無償取得之財產。

　二、慰撫金。

二、夫妻之一方對於婚姻生活無貢獻或協力，或有其他情事，致平均分配
　　有失公平者，法院得調整或免除其分配額。

三、法院為前項裁判時，應綜合衡酌夫妻婚姻存續期間之家事勞動、子女
　　照顧養育、對家庭付出之整體協力狀況、共同生活及分居時間之久暫、
　　婚後財產取得時間、雙方之經濟能力等因素。

四、第一項請求權，不得讓與或繼承。但已依契約承諾，或已起訴者，不
　　在此限。

五、第一項剩餘財產差額之分配請求權，自請求權人知有剩餘財產之差額
　　時起，二年間不行使而消滅。自法定財產制關係消滅時起，逾五年者，
　　亦同。

# chapter 14

# 以你的需求為導向的保險，才是好保險

我應該提過，我之前其實是保險業務員，而且是業績有夠好、好到能得獎的那種。所以，我想我來談談保險，應該是有點資格的。我這篇文章也不是要攻擊保險業務員，所以希望你們聽我講明白。

這世界上只有兩種保險，一種是你想買的，一種是業務員想賣的。你想要保費低、保障多的；業務員想賣的是保費高，佣金多的。這兩種產品往往在天平的兩端，很難達成共識。

八十五年度優秀內外勤人員表揚大會

但是在訊息不對稱的狀況下，你覺得你會買到哪一種？

那麼，保險是騙人的嗎？

當然不是，保障是必要的，但保險的產品種類太多，你不知道你的需求該怎樣評估，業務員也不見得能找得出適合你的產品。沒買到足夠保障、買太多「無用保單」的案例，比比皆是。

但如果只選市場最熱賣的商品，比方說可以還本保本的，又常造成保障不夠。

這樣的保險現況，已經造成了巨大的社會問題。

入行沒多久的我，得到壽險公會的表揚（圖左 4）

14. 以你的需求為導向的保險，才是好保險

## 保費支出過多，保障卻不高

我講的並不是空穴來風，或者恐嚇，這可是政府的數據：台灣的投保率在民國 110 年度已達到 264.81%、總保費收入對可支配所得比 30.54%，代表人均保單數有 2.6 張、保費支出占可支配所得達 30.54%（註 1）。而民國 110 年每人壽險平均死亡給付僅 57.3 萬元（註 2）。

也就是說，家庭主要收入來源者，萬一發生風險不幸離世，只能從商業保險拿到 57.3 萬元的壽險身故理賠金。

再講白話一點，就是：**雖然台灣人每年要拿出 30% 的收入來繳保費，萬一出事，卻只有不到六十萬元的身故理賠金。**

兩者的落差真的很驚人，是吧？

萬一你是家庭的主要經濟來源，之後家人有房貸和車貸要繳，怎麼辦？

留下來的人，每天的生活支出怎麼辦？

若是還有遺孤正在就學期間，教育費用又該如何解決？

這輩子，賺多少才夠？

## 問題的癥結點在哪裡？

我們回到最前面的問題：保險是如何被銷售出去的？

通常只有兩種方式：

一、你想買的

二、業務員想賣的

### 問題 1　你想買的

一般人並不具備評估自身保險需求的專業，你想買的保險標的，通常未必是自己真正需要的，就算真的買到自己需要的保險，如果沒有買到應有的保額，也還是會出現買不夠的問題。

可能很多人會說，我的預算就是很有限，在預算有限的情形下，本來就無法買到足夠的保額。

這個問題，我按優先順序分成兩個部分來回答：

第一，「足夠的保額」應該如何計算出來？

第二，是如何在能力範圍內，合理的制定保費預算？

## 問題 2 業務員想賣的

假設計算出來應該要有 100 萬元的壽險保額，同樣都有 100 萬元的理賠金，我們有三種商品的選擇：

**A 商品**　　保額 100 萬元 年繳保費 1 萬元

**B 商品**　　保額 100 萬元 年繳保費 5 萬元

**C 商品**　　保額 100 萬元 年繳保費 10 萬元

如果你是客戶，你會選擇哪個商品？

答案絕對是保費 1 萬元的，為什麼？因為都是拿到 100 萬元的理賠金，為何要多支付保費呢？

如果你是業務員呢？你希望賣出哪個保單？

答案應該也很明顯，大多數業務員應該會想要賣出保費 10 萬的保單，為什麼呢？因為同樣賣出 100 萬元的保單，保費越高的，相對的佣金收入就越高啊！

這輩子，賺多少才夠？

看到這裡，你們就會理解，為何國人的死亡理賠金只有不到 60 萬元的現況了，這個問題是不是很嚴重呢？

所以，你應該做的是：

**1. 學會分析自身的保險需求**

**2. 計算應有的保額**

這是在買保險之前，必須先釐清的重要事項。

但是，你可以回想一下，過往購買保險的過程中，對於診斷需求與計算保額兩件重要的事項，你的業務員很仔細跟你聊過、並且幫你評估過嗎？

如果沒有仔細評估，怎麼知道過去的保單是買對？買錯？買夠？還是買不夠呢？大多數人都是在理賠金下來之後，才會發現，我保不夠。

你知道我們何時會發現買不夠嗎？通常都在意外發生、領到理賠金時，才發現為時已晚。

## 簡單的釐清：保費是收入的 10%，保障是收入的 10 倍

通常，我們建議家庭的保費支出，合理範圍最好是占家庭總收入的 10%~15%。

這是根據家庭收支管理的 731 原則計算出來的，所謂 731 指的是以總收入為基礎：

7 代表總支出占總收入的 70% 以內

3 代表總儲蓄率最好超過總收入的 30%

1 代表總保費最好是總收入的 10%~15%

當需求明確與保費確定後，才會開始搜尋市場上現有符合需求與保費預算的各家保險公司的各類保險商品做組合配置：

1. 先符合需求

2. 再解決問題

3. 最後找出合理的保費預算

請各位在購買保險時，都要以上三點，作為衡量最終購買保險的基準。以下，我會說個故事來舉例。

**你想買的：**

大眾對於診斷風險需求的認知過於貧乏，以至於對壽險業務員的推銷方式與商品組合，未能正確的評估是否與自身需求吻合。

**業務員想賣的：**

壽險業務員本身對於風險需求診斷能力的專業提升存在很大的進步空間，也許是業務員迫於佣金收入考量，更可能是保險業者只著重業務員銷售能力而忘記了，客戶才是真正的老闆這個硬道理。

---

註 1：根據保險發展中心的統計

註 2：根據壽險公會統計資料顯示

14. 以你的需求為導向的保險，才是好保險

chapter 15

# 人生不同階段的保險，該如何思考？立正稍息向前看

**講**到這裡，我想舉講一個軍人客戶小智的故事。

小智是個軍事迷，對好萊塢的經典戰爭電影如數家珍，線上遊戲也是戰爭為主，因此他從小就立志要成為職業軍人。

高中畢業後，直接報考軍事學校，如願錄取心目中的第一志願，很順利的畢業，之後分發至相關單位，熱血青年終於如願所償，從虛擬遊戲變為實際人生。

小智開始了他的軍旅生涯，雖然時間較不自由，但他

這輩子，賺多少才夠？

仍然甘之如飴，因為這就是他從小的夢想。

十五年很快過去，原本單身的他，變成有老婆有小孩的一家之主，雖然軍中待遇很穩定，但他希望能夠有多點時間陪伴家人，因此開始思索接下來的人生計劃，應該如何安排？

小智希望五年後，服務年資滿 20 年，申請退伍，屆時將有退伍金及軍人月退俸可以作為基本收入（註1）。

他覺得，光靠政府給的退伍金與月退俸，要完成小孩的教育費、購車、購屋及旅遊費，應該不太可能完成。所以，退伍後，小智想知道，他需要有多少的工作收入，才能完成上述的家庭財務目標？

依據 2018 年 7 月 1 日的軍人退休金新制推估，小智 45 歲退伍時，可以領取軍人保險退休金 190 萬元，另外保守估計軍人月退俸 38,900 元（優存利息不計）

加上兩筆儲蓄保險滿期金分別為 250 萬元與 300 萬元，還有配偶 65 歲開始領的勞退年金 10,418 元 / 月與勞保年金 19,995 元 / 月。

在未計入小智退伍後工作收入下，各項財務目標的完成率如下：

| 財務目標 | 完成率 |
| --- | --- |
| 教育費 | 100% |
| 國外旅遊 | 21.6% |
| 國內旅遊 | 21.6% |
| 購車頭期款 | 100% |
| 車貸 -70 萬 | 100% |
| 購屋頭期款 | 100% |
| 購屋裝潢金 | 100% |
| 房貸 -800 萬 | 55.0% |
| 本人退休 | 56.9% |
| 配偶退休 | 56.9% |

可以看出，旅遊費、房貸及退休準備的完成率仍有頗大的落差。

從上表可以看到，小智退伍後，若只依靠配偶的工作所得，是無法將未來計畫完成的。

經過我幫他做了全生涯財務模型演算，小智退伍後，需要每月 4 萬元的工作收入，整體財務目標完成率，才能達標。對小智而言，退伍後每月 4 萬元的收入，就能實現所有的財務目標，似乎不會太困難。但是……

**人生規劃時，請一定要考量家庭責任缺口的重要性。**

除了創造收入之外，還有一個相當重要且絕對不能忽略的因素，就是要有持續工作的能力，才能維持穩定的收入，這個人身風險的議題並不是退伍後才產生的，而是現在就已存在。

因此除了測算小智退伍後的收入外，如何「解決人身風險」，萬一發生意外，對家庭財務帶來影響的問題，「人壽保險」顯然是一項很重要的工具。

為什麼我要提這個？

現在大家的保險意識提高了，主動購買保險的人很多，但是大多排斥人壽保險，且直接跟風購買特定產品，成了現在買保險很常見的行為。

　　我得說，保險並不是一般消費商品，不是像購物節一樣跟著團購就好，亂買保險比沒買更糟糕，造成的損失更大。

　　像是小智，我先和他討論過人生計畫與財務目標後，才開始計算得預先準備的「責任費用」，並依此「責任費用」，作為小智購買人壽保險的保額依據。

**壽險額度＝**

**家庭責任＋債務或貸款－可利用資金**

這輩子，賺多少才夠？

## 家庭責任需求分析

有什麼是家庭責任需求呢？

父母奉養費

家庭生活費

子女教育費

負債貸款費

最後喪葬費

接著，我再模擬意外、生病、傷殘的狀況發生，會發生的醫療、照護、安養等的各項費用，分門別類統計出來，作為醫療、安養照護及傷殘相關保險購買時的依據。

**家庭責任費用＋醫療照護安養費用 =**

**風險需求基準線**

　　將以上「責任費用」及「醫療、照護、安養費用」都
計算出來，這個部分我們稱為建立**風險需求基準線**。
再根據現有的收支情況，決定合理的保費支出範圍。
這其實是一整套「**風險評估診斷系統**」。要知道，現
有的退休金系統，已經越來越嚴苛了，因為儲備退休
金時，政府退休年金占比逐漸減少，請見下圖。

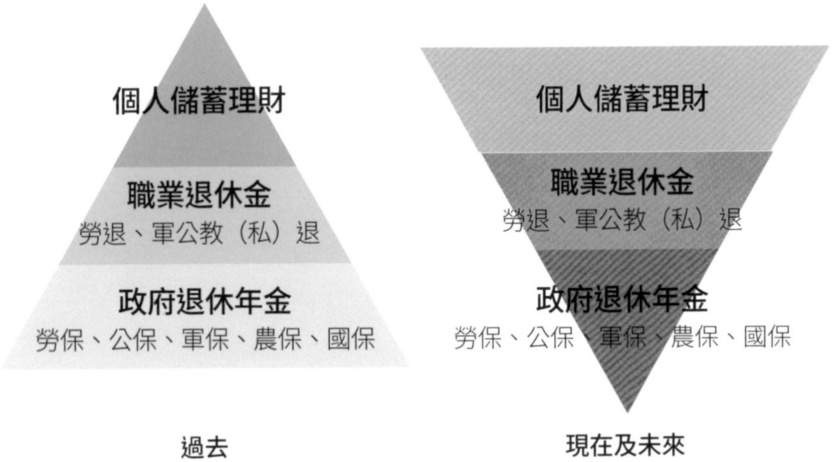

個人儲蓄理財

職業退休金
勞退、軍公教（私）退

政府退休年金
勞保、公保、軍保、農保、國保

過去

個人儲蓄理財

職業退休金
勞退、軍公教（私）退

政府退休年金
勞保、公保、軍保、農保、國保

現在及未來

再加上人越活越老，退休生活一直在往上疊加中。

## 退休生活所需費用

　　預估 15 年退休歲月，每年每人可支配所得平均數約 35 萬元，不計算未來增加的醫療照顧支出，退休生活至少需要 525 萬元。

$$35\ 萬 \times 15\ 年 = 525\ 萬元$$

65 歲退休　　　　　　　　　　　80 歲國人平均壽命

從現在的市場的成熟度和產品的豐富程度來看，單看產品分類，的確會是一件比較讓人迷茫的事。

保險主管機關與保險業者，對於「如何滿足客戶的風險需求」這個議題，其實一直很努力想改變，但這麼多年過去，仍不見死亡理賠金有大幅的增長。

**保險的真正意義，其實是為了保護你所愛的人。**如果能夠深刻理解保險的真義，就能懂得如何善用各種保險工具，既不會排斥它，更不會計較「我保險了，能領回多少？」、「我會不會吃虧」。

只要把保險放在風險管理上，就能避免種種的保險謬誤，也才能讓保險發揮應有的正面功能。

我想這就是為什麼像我們這樣、以客戶利益為優先的獨立財務顧問（財務建築師）會越來越受到客戶歡迎的主要原因吧！

_____

註 1：軍人退休金新舊制比對資料

# chapter *16*

# 如果人生只拿時間交換金錢，是貧乏的

**聽**我說了這麼多財務規劃的事情，是不是覺得人生有好多檻要過，要花很多精力去交換生存，好累！

我絕對不是贊成，人生只能生存而活。如果人生只是一直拿時間在交換錢，實在很貧乏單調，人生不應該只有追求財富。所以，我們要藉由財務整理，來看清楚我們到底有多少錢，能夠去滿足我的價值觀。

很多人會以為，只有沒錢的人，才會有金錢壓力，但

事實卻並非如此。人人都有金錢壓力，不管你的經濟狀況如何，無論是月薪三四萬上班族，還是身價上億的大老闆，都會有資產保值和貶值的壓力。白領們還要還車貸房貸，企業家卻要面對運營公司的資金壓力。

為什麼不管是不是有錢人都會面臨金錢壓力呢？這是因為我們大多數的壓力，其實來自於我們對金錢的認知偏差。

從心理學的角度來說，「金錢壓力」是一種缺乏安全感的心理感受，並不直接和我們的財富狀況相關。當你感覺恐懼焦慮時，其實背後的事實是你要面對的事物，認為自己是沒有能力去解決的。而安全感的匱乏感，很容易讓人對物質產生不切實際的追求，物質上的滿足，並不能給人帶來安全感，安全感的產生依賴於和諧的關係。

有很多人因為賺錢壓力太大，不停透支自己的身體，缺席了孩子的童年，還有人付出了感情作為代價，到最後他們才明白自己有多麼得不償失的，擁有健康的金錢心理才是最重要的。

如何有智慧地管理和增值財富，符合自己的人生目標和價值觀，是一門很重要的學問，但更重要的是，擁有一個健康的金錢觀，才能讓你有一個不被金錢控制

的人生。面對金錢,只有從奴隸心態轉變到主人心態,學會駕馭金錢,你的心靈才會真正地富裕起來。

## 錢帶來的滿足感是有限的

美國經濟學家理查·伊斯特林(Richard Easterlin)認為,只有在窮困時,增加收入才能帶來幸福。諾貝爾經濟學獎得主康納曼(Daniel Kahneman)的研究也證實,年收入超過 7 萬 5000 美元後,即使賺更多錢,也不太會改變人的快樂指數。

錢應該越多越好不是嗎,為什麼金錢與幸福感不成正比?因為錢帶來的快樂是短暫的,就像是你再怎麼喜歡吃的雞排,吃第 1 個很好吃,但連續吃第 2 個、第 3 個之後,很快就會覺得沒那麼好吃了。

## 人為什麼會感到不幸福?

因為現代社會的潛在暗示太多了,社群媒體上多少人在炫耀著有好工作、有健美的身材、有美滿的愛情,連小孩都出人頭地。你用別人的標準在要求自己,你用理性逼著自己前進,可是潛意識卻在想要逃離。

這輩子,賺多少才夠?

這就像是右腳踩在油門，左腳卻同時踩剎車，會發生什麼事情呢？**會內耗。**

當我們的注意力往往都集中在金錢上，忽略了金錢背後的目標時，身心就會不平衡。不是我們不夠努力，而是我們背負的包袱太多，身上的枷鎖太多，活得太沉重了。找到自己在恐懼什麼、抗拒什麼、委屈什麼，像大掃除一樣的清除它們。

## 從被動活著，變成主動生活

單純的「活著」是一種消極的防禦，是一種勉強的苦苦支撐。我們常常覺得，要實現了什麼，才配擁有生活，才配得到幸福，才可以花錢，

但是事實是，如果你學不會找到金錢背後的目標，你也沒有能量持續下去，你只是支撐著人生而已。這樣怎麼可能活得好？

所以，找到人生目標，拿回你的主動權，是在整個財富循環裡最重要的一件事。

接下來，我想要講兩個振奮人心的夢想實現故事！

# chapter 17

# 當媽媽的人，也可以有夢想嗎？她與她的防彈少年團

四十歲是成熟的年紀，也是困惑的年紀：在職場拚搏了十幾年，體力和衝勁都有點消散，但還有好幾十多年得繼續；婚姻中，與另一半的愛情也不再熱烈，而未來還有四、五十年得一起走……

如果你的心中湧現了不安，可能是你尚未和解的人生課題來敲門了，也許是原生家庭的經驗所導致；又或者是親密關係上，那些委屈卻又忍下來的眼淚，都讓感情漸行漸遠……

過去，我們沒有好好正視的問題，步入中年後，便會逐一引爆。

　　這樣的故事，我身邊剛好有一個。這要從小曼年輕時講起。

　　國小時，小曼的父親經商失敗，父母親除了努力還債，還要撫養四個小孩，家中經濟一直很拮据。

　　但是小曼從沒有認輸過，為了分攤家計，身為長女的小曼節儉度日，幫忙照顧弟妹之外，課餘還拚命打工，賺取自己的生活費。

　　當然，他們家的物質條件不充裕，所以小曼早早就體會到現實生活的不易，當身邊的朋友在追星時，她只能默默許願：「有一天，當我的經濟獨立自主，我也要飛到韓國，去參加 BTS 防彈少年團的演唱會！每一年都要去！」

　　很快的，大學畢業後，小曼選擇了一份薪水穩定的工作，和兩個妹妹一起湊齊了購屋頭期款，買下一間公寓，全家人終於有了自己的窩。

　　也因為工作的關係，小曼認識了現在的先生大壯。大壯一表人才，家世也好，對於小曼而言頗具吸引力，交往後，很快的就情投意合的決定結婚。

## 人到中年以為圓滿，卻人生迷路：
## 重新盤點現狀

　　婚後，婆媳之間一直存在著一種莫名的壓力，小曼覺得應該是自己的家境與婆家落差太大，再加上大壯的大男人主義，讓小曼在婆家總是抬不起頭，永遠只能當個沒有聲音的媳婦。

　　本以為在小孩出生後，情況會有所改善，但事實是婆婆不但沒有放鬆管控，反而對育兒的方式，有著更大的掌控，讓小曼幾乎身心俱疲，甚至萌生走出婚姻的念頭。

　　可想而知，對小曼而言，經歷了年輕時的金錢匱乏，成年後，在經濟稍微好轉之際，選擇了進入婚姻為人妻、為人母，小曼的人生塞滿其他人的願望：養弟妹、養房子、養小孩，卻沒有顧慮到自己內心的渴望。

　　但是她內心的呼喊逐漸壓抑不住了，隨著子女的成長，自己也邁向中年，她不希望屬於她的人生就這麼過去，如果現在沒有人再需要她負重前行的話，她也想好好過屬於她的人生。

　　其實，不安會在此時出現，正是代表冥冥之中，老天爺認為我們累積了新的智慧，能夠再一次面對未解之困

這輩子，賺多少才夠？

難，好好解開過去從未被正視的問題，讓自我回歸完整，才能從容的走入人生下半場。

但是，如何評估實現自我夢想的財務實力？這個答案對她來說，應該是現階段最為重要的課題了。

我們先來看看，小曼的人生目標：

1.BTS 防彈少年團演唱會追星計畫 / 每年預算 5 萬元

2. 國內、國外自助旅遊個人行 / 年度預算 4~5 萬元

3. 住家裝修 / 70 萬元

4.65 歲退休 / 每月基本支出 2.4 萬元

5. 負擔子女 50% 教育費（離婚後）


或許小曼的人生計劃，對於其他人而言，並不是多麼遠大的目標，但以她的成長歷程與自身財力，已是一大挑戰了，不過，人生就這麼一次，如何活得自在有價值，我想應該是每個人都會追尋的目標吧！


接著來了解，小曼現在的財務能力：

| 理財收入比 | 0% | |
|---|---|---|
| 支出收入比 | 56.82% | （參考指標 70%） |
| 生活費用比 | 27.56% | |
| 名目儲蓄率 / 有效儲蓄率 | 43.18% / 0% | |
| 超額現金比 | 312.96% | （參考指標 50% ~ 100%） |
| 資產變現率 | 9.21% | |
| 生息資產率 | 9.21% | |
| 負債比 | 33% | |

以小曼有 43.18% 的超高儲蓄率，顯示出小曼非常省吃儉用，同時超額現金比達到 312.96%，而生息資產率僅 9.21%，代表她將省下來的錢，都放在存款，並未進行投資安排。

回到她的目標，我們幫她跑過全生涯模型，在實現她的目標 3 住家裝修後，她的流動資產迅速下降，若再啟動追星計畫及旅遊，加上子女教育費與父母孝養費，年度現金流將由正轉負，並逐年加大缺口。而且，最沉重的負擔，將會落在當她送子女就讀大學期間。

這輩子，賺多少才夠？

雖然，子女大學畢業後，現金流將回復為正數，但又會面臨退休準備不足的情況。

對於小曼，如果要走自己的人生道路，看來是必須付出代價的，在收入沒有快速增加的情況下，接下來要如何面對這些問題並找到解決方法呢？

## 該如何解決呢？

為了讓小曼有機會實現自己人生夢想，活出自我，財務資源顯然是不可或缺的基礎，在有限的資源下，我們提出了以下的規劃方向：

1. 國內外旅遊分「年」進行

2. 追星計畫延長為「兩年一次」

3. 住家裝修調降為 50 萬元

4. 定期定額計畫 6000/ 月

（投資 20 年、計畫報酬率 4%）

做了以上四點調整後，全生涯財務模型的規劃呈現出令人振奮的樣貌：

## 年度收支圖

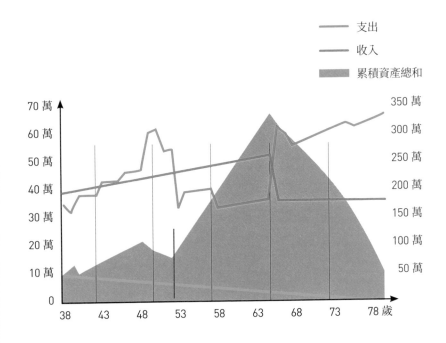

在我們的規劃方向下，小曼想活出自我人生，確實有極大的機會實現，在調整財務目標及降低購車預算後，把可掌控的現金流餘額的一部分，每月定期定額投入，並且設定 20 年的長期計畫，不需要很高的金額，更不用超出她可承受的風險範圍，就能改變她的財務結構，甚至可說是改變了小曼未來的人生。

這輩子，賺多少才夠？

## 四十歲的卡關，不能只靠蠻力撐過去

當我向小曼說明完她的財務規劃報告書後，她眼角泛著淚光、不可置信的再三確認：「真的只要做到這四點，人生就不再是遙遠的夢？」

是的，人生不應該是遙遠的夢而已。

送走小曼之後，我心中無限感慨：雖然大部分人的財務資源都是有限的，但最大的限制，通常都不是外在的條件，而是我們的內心。

因為內在的自我限制，所以沒有試圖尋求解決方法來突破現況，當然也就無力改變外在條件，很多人就這樣，過一天算一天，無視於內心的渴望，無視於精神的悲鳴。

我們何其有幸，可以藉由財務工程學的發展，現在就能清楚看見自己未來的生活樣貌，也能從中找出問題點，並透過不同的模型參數設定，模擬各種情境下的變化，更能從這些情境中找到最符合自身想法與需求的規劃建議，讓自己的未來，除了想像以外，還能更加真實的看見。

小曼看完報告書後，心中滿滿的踏實感，對婆婆不再逆來順受，也產生了無比的自信，雖然因為疫情的關係，暫時無法啟動追星計畫，但，她知道，她的人生從今天開始，已經可以完全掌握在自己手裡。過去為了迎合他人期待，疏忽了內在的感受的小曼，在精神面上已經開始變化，而且擴大的影響他人。

隔年進行週年檢視時，小曼充滿自信的告訴我們，大壯與她相處的模式，在過去這一年中，有很大的變化，他不再是大男人主義者，而且，小曼的婆婆，也不像過去般的盛氣凌人。

我們很好奇，小曼做了什麼讓他們改變了？

## 財務規劃，
## 是每一個中年迷惘者的防彈衣

小曼說，當她看完財務規劃報告書後，自信與底氣都有了，她知道，就算離婚，她也能財務獨立，把自己及小孩照顧好。

因為這樣，她在家中不再像之前一樣，只能聽話照做，她開始提出意見，甚至還能據理力爭，她原本擔

這輩子，賺多少才夠？

心這樣做，會讓家裡的氣氛搞僵，不好收拾。

但，就這麼神奇，剛開始大壯還不想理會，或許是小曼的堅持帶來了改變的勇氣，而這份勇氣產生了質變，大壯終於理解到，對小曼的態度是應該調整了。

而小曼的婆婆，也同時感受到小曼的改變及大壯的調整，於是乎，婆婆的態度也不一樣了。看著一年來，在小曼身上發生的神奇事蹟，我們也衷心為她的改變而高興。

我想跟她說：「小曼，你知道嗎？那些不安和困惑，是挑戰也是禮物，它讓我們在未來三十年，有機會過著沒有遺憾的日子，人啊，總要為自己活一次！」

# chapter 18

# 老後的第二人生：單身退休，享受星空下的獨白

當你被問到年齡時，你會有什麼反應呢？

如果你曾經觀察過周遭中熟齡的朋友會發現，關於年齡的話題，很明顯的分為兩種：一種是能清楚的達出自己年齡者，他們會說：「過了明年1月，我就55歲囉！」另一種人，則是對年齡的話題三緘其口：「嗯，很久沒有過生日了耶。」這類人不只是回答得很模糊而已，事實上，連自己到底幾歲都算不太出來，屬於「逃避年齡」的類型，對於自己變老一事，有著些許的負面情緒。

然而，面對自己的老去，為什麼要覺得羞恥，或者加以隱瞞呢？

時間在人生中不停流動，每個人都在一點點變老，有點感傷，但其實再自然不過，我們雖不像年輕時那麼有活力，但也不用再像年輕時那麼迫切需要與別人連結，不用為了伴侶、同事或家人，委屈自己、壓縮自己。

我是認為，關於「有點年紀」這件事，越想要隱藏，反而會越明顯。放下大部分人對老化＝死亡＝不值得期待的觀念，解開刻板印象對你的制約和包袱，你的生命格局才會大。

認真把熟齡的自己視為人生的一部分，好好栽培「準備變老的自己」，才是上策。如此一來，就能把變老的不適感，轉化成面對新生活的動力，才有機會活得好。

那麼，退休生活該如何自在又精采？

我認為，關鍵就在於，先一步想好「第二人生的追求」。

我想講一個「理想第二人生」的故事給你們聽，取名為：星空下的獨白。故事要從獨生子的阿明講起。

阿明從小就被照顧得無微不至，他對藝術十分有興趣，父母也盡力栽培，成年後，阿明擔任中小學外聘的繪畫老師，這當中也有交往的女友，但似乎姻緣未具足，就這樣單身到耳順之年。

　　隨著年邁的父母陸續離世，留下市值超過億元的不動產以及每月 3 萬穩定的租金收入，雖然阿明在經濟上無虞，但隨著年齡增加、夜深人靜時，仰望滿天星斗，孓然一身的他，只剩自居的老宅與莫名的孤寂感。

　　當初父母努力打拚購地自建的老宅，已有 6、70 年的屋齡，屋內設備管線多已老舊，阿明不願離開充滿著快樂回憶的家，他計畫未來兩年內花 400 萬將老宅重新整修，讓老宅繼續陪伴他的第二人生。

　　但是，之後的人生要做什麼呢？藝術一直是阿明心中的北極星，人生定錨都在此，但是教師生涯讓他的 30 年來持續輸出，少有輸入的機會。心中的空缺感讓他想要重拾學習，再次讓藝術填滿精神領域，他想要走訪每一個國家，或許是南美洲、歐洲，或看他人在路邊作畫，或到博物館觀摩欣賞，甚至到大學裡短期進修。阿明退休後的人生，是徹底實踐「藝術即生活」的日子，不過短期國外生活並不便宜，阿明想規劃每年 30 萬的預算來執行。

　　　　　　　　　　　　　　　　這輩子，賺多少才夠？

## 所以，阿明該怎樣評估第二人生的費用？

　　進入耳順之年獨居的阿明，最初只是想了解在不出售不動產的前提下，整修老宅、進修課程及旅遊的計畫，他的現金準備與收支流量是否能如願執行。

　　我們先把阿明的水庫狀況和需求列出來：

| 財務狀況 | |
|---|---|
| 理財收入比 | 69.02%（租金收入 3 萬） |
| 支出收入比 | 97.12%（參考指標 70%） |
| 生活費用比 | 58.16% |
| 名目儲蓄率 / 有效儲蓄率 | 2.88% / 34.87% |
| 超額現金比 | 636.05%（參考指標 50%~ 100%） |
| 資產變現率 | 5.51% |
| 生息資產率 | 23.52% |
| 負債比 | 0% |
| **財務狀況** | |
| 1. 不動產：不出售，整修老宅 | （預算 400 萬） |
| 2. 進修： | 30 萬 / 年 |

整體而言，阿明已經有有穩定的租金收入，租金算是理財收入，所以他的理財收入比 69.02%，工作收入僅占三成，顯示出阿明其實已經是在半退休的狀態。

另外該處理的是他的超額現金比 636.05%，現金部位比例超標，但兩年內將有整修老宅的資金需求，因此需評估支付整修費後，再確定的現金需求是否足夠。

最後要特別留意的，是資產變現率僅有 5.51%，這表示不動產占比非常高，已達 94.49%，同時支出收入比 97.12%，顯示現有收支已呈現幾乎相等的情況，也就是**每年能透過流量結餘累積的資金，非常有限**，對於未來各項計畫陸續啟動後，若有資金需求，是否會造成資產流動性壓力，更是應該評估清楚。


## 該怎麼解決？

為了測試阿明未來是否會有資產流動性不足衍生的資產變現議題，我們透過全生涯財務模型進行壓力測試：

這輩子，賺多少才夠？

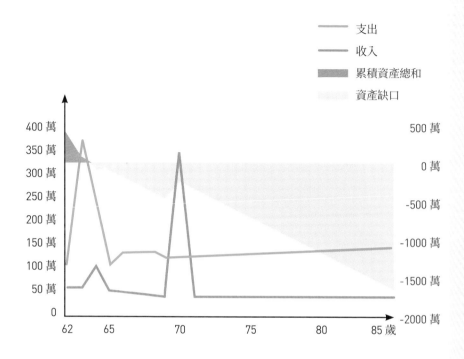

從上圖我們可以很清楚的看出，在扣除不動產資產下，兩年後完成老宅整修，流動資產急速下降，同時因啟動進修及旅遊計畫的每年 30 萬預算，造成現金流量呈現負流量的現象，加速消耗流動資產，很快的 3 年後就會出現資產流動性不足的情況。

要解決流動不足的問題，其實不難，只要出售不動產，或是使用銀行推出的「以房養老」專案，就能解決流動性問題。

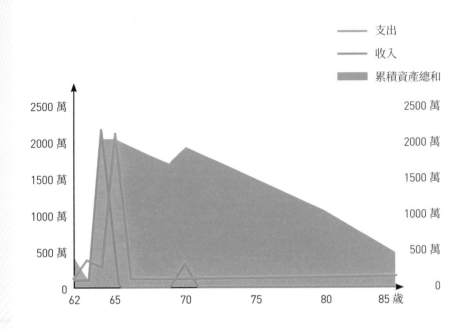

支出
收入
累積資產總和

■ 2 年後投資不動產變現（以市價 2,000 萬估算）

■出售店面後，定存 1,000 萬、單筆投資 1,000 萬（計畫報酬率 3%）

## 阿明疏忽了，
## 還有一個隱藏的大問題 ……

其實，我們和阿明詳談了一陣子，就發現了一個問題，對單身獨居的阿明而言，不僅是評估「現金儲備

這輩子，賺多少才夠？

及流量管理」如此單純的財務管理議題而已，其實這裡隱藏了一個大問題：**阿明沒有規劃未來的安養照護的需求。**

　　近年來，阿茲海默症、老年痴呆症罹患率，也隨著高齡化社會逐年增加，因而造成老年安養照護的重要性與日激增，如何安心面對老年生活已是刻不容緩的重要議題。

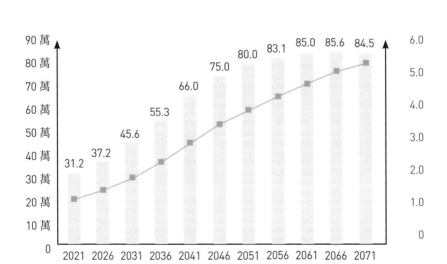

資料來源：台灣失智症協會

解決了阿明的資金流動性問題後，我們帶著他思考老年安養照護議題。

當阿明意識到未來若無法料理日常生活，甚至失去表達自主行為能力，又沒有兄弟姐妹或其他可信任的四親等來行使「輔助宣告」註一或「監護宣告」註二，作為管理資產並代為照護的法律依據，雖然父母留下上億的資產，恐怕也無法解決這個問題。

由於「輔助宣告」是在已發生失去自主行為能力後的補救措施，屆時擔任受任人者，是否會善盡監護人之責，實屬未知。

因此，我們建議阿明可運用「意定監護」註三，在事前就先以契約方式和受任人約定，當發生符合民法規定意思表示能力受限時，由法官指定這位受任人為自己的監護人。

法務部：

意定監護契約參考範本

這輩子，賺多少才夠？

## 意定監護怎麼作

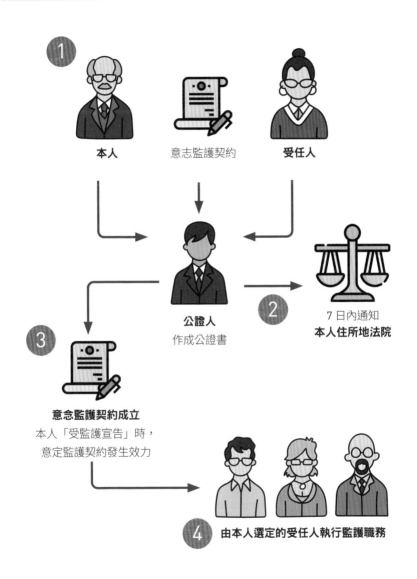

①

本人　　意志監護契約　　受任人

公證人
作成公證書

② 7 日內通知
**本人住所地法院**

③ **意念監護契約成立**
本人「受監護宣告」時，
意定監護契約發生效力

④ **由本人選定的受任人執行監護職務**

單身者經常會被認為沒有家庭拖累，比較能存錢，但是如果沒有目標，其實花錢永遠比賺錢快，全面性的看懂財富流向並不是容易的事。另外，你仍要注意萬一失智時，有法律能按照你的意志處理事情，單身的人沒有權利不提早想好，因為你只有你自己，無論是財富、健康、照護、遺產的問題，都再實際不過。規劃有尊嚴的第二人生，需要趁早開始，這是我能給你最完整的忠告。

　　以下為根據台灣失智症協會整理的資料：

### 一、全球失智症人口快速增加

　　依據國際失智症協會（ADI）2019 年全球失智症報告，估計全球有超過 5 千萬名失智者，到 2050 年預計將成長至 1 億 5 千 2 百萬人。每三秒就有一人罹患失智症；目前失智症相關成本為每年一兆美元，且至 2030 年預計將增加一倍。

### 二、台灣失智症盛行率及人口數

　　依衛生福利部民國 100 年委託台灣失智症協會進行之失智症流行病學調查結果，以及內政部民國 110 年 12 月底人口統計資料估算：台灣 65 歲以上老人共 3,939,033 人，其中輕微認知障礙（MCI）有 709,577 人，占 18.01%；失智症有 300,842 人，占 7.64%（包括極輕度失智症 122,608 人，占 3.11%，輕度以上失智症有 178,234 人，占 4.52%）。也就是說 65 歲以上的老人約每 13 人即有 1 位失智者，而 80 歲以上的老人則約每 5 人即有 1 位失智者。

依此流行病學調查之結果，每五歲之失智症盛行率分別為：65~69 歲 3.40%、70~74 歲 3.46%、75~79 歲 7.19%、80~84 歲 13.03%、85~89 歲 21.92%、90 歲以上 36.88%，年紀愈大盛行率愈高，且有每五歲盛行率倍增之趨勢（表一）。

| 年齡（歲） | 65~69 | 70~74 | 75~79 | 80~84 | 85~89 | ≧ 90 |
|---|---|---|---|---|---|---|
| 失智症盛行率（%） | 3.40 | 3.46 | 7.19 | 13.03 | 21.92 | 36.88 |

表一：五歲分年齡層失智症盛行率

以民國 110 年 12 月底內政部人口統計資料，以及上述五歲分年齡層失智症盛行率計算，台灣於民國 110 年 12 月底 65 歲以上失智人口有 300,842 人。45-64 歲失智症盛行率依據挪威於 2019 年研究為千分之 1.6，估算台灣 45-64 歲失智症人口有 11,324 人，加上 65 歲以上失智人口，推估民國 110 年 12 月底台灣失智人口共 312,166 人，占全國總人口 1.34%，亦即在台灣約每 74 人中即有 1 人是失智者。

高齡化社會帶來的衝擊與問題，實在不能忽視，我們除了需要建構良好的退休財務實力外，更要將未來一旦面臨失智風險的規劃安排進來，否則縱使有錢，也不一定能用錢照顧好自己。

## 註一

1. 「監護宣告」的定義，來自「民法第 14 條第 1 項」：「對於因精神障礙或其他心智缺陷，致不能為意思表示或受意思表示，或不能辨識其意思表示之效果者，法院得因本人、配偶、四親等內之親屬、最近一年有同居事實之其他親屬、檢察官、主管機關、社會福利機構、輔助人、意定監護受任人或其他利害關係人之聲請，為監護之宣告。」

2. 什麼樣的狀況下，可能可以聲請「監護宣告」：

   如果有一個人沒辦法理解別人要傳達的意思、沒辦法傳達別人能懂的意思，或者是根本不知道自己表達的意思代表著什麼意義，那這個人就可能符合受「監護宣告」的條件。

## 註二

1. 「輔助宣告」的定義，來自「民法第 15 之 1 條第 1 項」：「對於因精神障礙或其他心智缺陷，致其為意思表示或受意思表示，或辨識其意思表示效果之能力，顯有不足者，法院得因本人、配偶、四親等內之親屬、最近一年有同居事實之其他親屬、檢察官、主管機關或社會福利機構之聲請，為輔助之宣告。」

2. 什麼樣的狀況下，需要「輔助宣告」：

   「輔助宣告」的條件是，有理解意思、傳達意思能力，但能力不夠好，或是不完全清楚自己表達的意思代表著什麼意義，在某些特殊的情況下需要有人「協助」他做決定。

## 註三

民法部分條文修正草案（意定監護部分）

第十四條

這輩子，賺多少才夠？

對於因精神障礙或其他心智缺陷，致不能為意思表示或受意思表示，或不能辨識其意思表示之效果者，法院得因本人、配偶、四親等內之親屬、最近一年有同居事實之其他親屬、檢察官、主管機關、社會福利機構、輔助人、意定監護受任人或其他利害關係人之聲請，為監護之宣告。

受監護之原因消滅時，法院應依前項聲請權人之聲請，撤銷其宣告。

法院對於監護之聲請，認為未達第一項之程度者，得依第十五條之一第一項規定，為輔助之宣告。

受監護之原因消滅，而仍有輔助之必要者，法院得依第十五條之一第一項規定，變更為輔助之宣告。

第三節 成年人之意定監護

第一千一百十三條之二

稱意定監護者，謂本人與受任人約定，於本人受監護宣告時，受任人允為擔任監護人之契約。

前項受任人得為一人或數人；其為數人者，除約定為分別執行職務外，應共同執行職務。

第一千一百十三條之三

意定監護契約之訂立或變更，應由公證人作成公證書始為成立。公證人作成公證書後七日內，以書面通知本人住所地之法院。

前項公證，應有本人及受任人在場，向公證人表明其合意，始得為之。

意定監護契約於本人受監護宣告時，發生效力。

第一千一百十三條之四

法院為監護之宣告時，受監護宣告之人已訂有意定監護契約者，應以意

定監

護契約所定之受任人為監護人，同時指定會同開具財產清冊之人。其意定監

護契約已載明會同開具財產清冊之人者，法院應依契約所定者指定之，但意定監護契約未載明會同開具財產清冊之人或所載明之人顯不利本人利益者，法院得依職權指定之。法院為前項監護之宣告時，有事實足認意定監護受任人不利於本人或有顯不 適任之情事者，法院得依職權就第一千一百十一條第一項所列之人選定為監護人。

**108.5.24 立法院三讀通過條文**

第一千一百十三條之五

法院為監護之宣告前，意定監護契約之本人或受任人得隨時撤回之。

意定監護契約之撤回，應以書面先向他方為之，並由公證人作成公證書後，始生撤回之效力。公證人作成公證書後七日內，以書面通知本人住所地之法院。契約經一部撤回者，視為全部撤回。

法院為監護之宣告後，本人有正當理由者，得聲請法院許可終止意定監護契約。受任人有正當理由者，得聲請法院許可辭任其職務。

法院依前項許可終止意定監護契約時，應依職權就第一千一百十一條第一項所列之人選定為監護人。

第一千一百十三條之六

法院為監護之宣告後，監護人共同執行職務時，監護人全體有第一千一百零 六條第一項或第一千一百零六條之一第一項之情形者，法院得依第十四條第 一項所定聲請權人之聲請或依職權，就第一千一百十一條第一項所列之人另行選定或改定為監護人。法院為監護之宣告後，意定監護契約約定監護人數人分別執行職務時，執行 同一職務之監護人

這輩子，賺多少才夠？

全體有第一千一百零六條第一項或第一千一百零六條之一第一項之情形者，法院得依前項規定另行選定或改定全體監護人。但執行 其他職務之監護人無不適任之情形者，法院應優先選定或改定其為監護人。 法院為監護之宣告後，前二項所定執行職務之監護人中之一人或數人有第一 千一百零六條第一項之情形者，由其他監護人執行職務。 法院為監護之宣告後，第一項及第二項所定執行職務之監護人中之一人或數 人有第一千一百零六條之一第一項之情形者，法院得依第十四條第一項所定 聲請權人之聲請或依職權解任之，由其他監護人執行職務。

108.5.24 立法院三讀通過條文

第一千一百十三條之七

意定監護契約已約定報酬或約定不給付報酬者，從其約定；未約定者，監護 人得請求法院按其勞力及受監護人之資力酌定之。

第一千一百十三條之八

前後意定監護契約有相牴觸者，視為本人撤回前意定監護契約。

第一千一百十三條之九

意定監護契約約定受任人執行監護職務不受第一千一百零一條第二項、第三 項規定限制者，從其約定。

第一千一百十三條之十

意定監護，除本節有規定者外，準用關於成年人監護之規定。

108.5.24 立法院三讀通過條文

# *Epilogue* 後記

## 如果你在主流金融業，卻隱隱感到不對……
# 金融人啊，我們正在轉捩點上

我們正處於一個顛覆的時代。原本靠行的計程車，市場漸漸被 Uber 或者多元計程車侵蝕，或許你會說，很多計程車司機也能接 Uber 的單子呀，那麼請你看加州的無人駕駛計程車，Alphabet（Google 母公司）旗下自駕車子公司 Waymo 將在加州提供真正無人的自駕計程車服務，雖然數量還不多，但已經上路了。

再回頭看我們保險業，純網路保險已經是不可擋的趨勢，不管是中國、日本或者香港，都開始有了市占率，你可能會認為，這些大多是年輕人在使用，可是看看

數據，保戶年齡層並不特別低，約落在 20-39 歲。

我們看下表的中國的眾安保險。承保跟理賠自動化達 99% 和 95%，這是什麼意思？就是承保人員和理賠人員已經沒飯吃了。

## 海外網路保險公司情形

| 業者 | 中國眾安保險 | 日本 Life Net | 香港保泰人壽 |
|---|---|---|---|
| 成立日期 | 2013 年 | 2008 年 | 2018 年 |
| 主要險種 | 健康險 | 定期壽險 | 醫療險 |
| 特色 | · 首家無實體保險公司<br>· 承保和理賠自動化率分別達 99% 和 95%<br>· 線上克服人工智慧使用率 85%<br>· 核心應用自動化測試比例達 80% | · 網路保險公司<br>· 新科技與消費者交易替慣結合<br>· 保護年齡 20~39 歲（占 72%）<br>· 80% 居住在都會區 | · 首家虛擬保險公司<br>· 香港健康局為改善醫療制度，配合上開制度推出「自願醫保計畫」商品<br>· 1 年 1 約，保證續保 |
| 行銷策略 | · 網路＋保險<br>· 保額低＋保費低 | · 網路＋行動裝置<br>· 保戶較易了解（3 分鐘）＋保費低 | · 創新科技＋醫療專業<br>· 採用自動核保，預設問卷，只要符合正常問卷，即可完成 |

以日本 Life Net 為例，2008 年就成立，主攻 20-39 歲都會區民眾，銷售便宜、簡單的定期壽險，號稱三分鐘即可秒懂保單內容，並可用網路、行動裝置就完成投保。

所以，數位化對我們來說是一個危機，但是有沒有可能是一個轉機？過去的舊思維如果不變，很難帶我們走出新路，憑藉學習新的思考邏輯與追求，說不定能開拓出一個完全不同的局面。

## 這世界對金融人的需求，會漸漸消失……

在這世界上，人們有金融交易和流通的需求，但是，由於流通的過程和方法太過複雜，才會出現金融從業人員，來協助這些流通。

但是，承上種種現實案例，當世界慢慢邁向數位化之後，流程交給 AI 和程式來判斷後，金融從業人員的數量，會遭受很大的衝擊。我相信未來會有一半的人，將會面臨失業或者轉業的危機。

再者，金融研訓院 2022 年對台灣民眾的調查，你可以發現：大部分人對財務問題，從不考慮尋求建議，而且請看第二個調查結果：會向金融人員尋求建議者，

只有 29%。這代表什麼呢？這不只是一般民眾的金融
知識不足，還有「不信任」造成這樣的局面。

「我不相信你會單純給我好建議。」

「我認為，你會賣我不需要的東西給我。」

## 多數民眾缺乏可信賴之財務

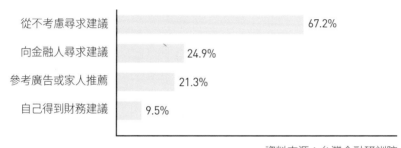

資料來源：台灣金融研訓院

大部分人認為，他們在諮詢金融人員時，認為其對價
關係是必須買一些金融商品，內含不明的高報酬佣金，
而且他們可能不需要這些商品。

我舉一個例子，像是理專。金融機構的遊戲規則是，
理專的收入來源是客戶交易商品的手續費，客戶買越
多商品，理專賺得越多。為達業績目標，理專只好在
既有的客戶群裡，想辦法創造出更多的手續費，像是
解舊換新、轉換標的是常見手法。但是，這並不是理
專的問題，而是制度下的「不得不」。

但是，你無法否認，理專與客戶，剛好站在利益衝突的環境，在一般人的求生意志的驅使下，很難兩全。

但是，如果當你是財務顧問，這個情勢就逆轉了。財務顧問不是要拜託客戶買東西的銷售員，像教練，像老師，更像人生扶持者，他們要協助客戶，確認人生多種目標，在目標下挑選產品。哪些是有害的？需要什麼？顧問必須堅守立場，不迎合客戶，甚至要幫客戶「斷絕」不適合的商品。

也因此，在成為財務顧問之後，我得到的感謝，比我賣商品的 14 年都來得更多。

## 金融人，也請為自己創造職業的第二曲線

什麼是第二曲線？英國倫敦商學院的管理大師查爾斯・韓第（Charles Handy）提出了「第二曲線」（The Second Curve）的概念。

他藉由數學上的「S 型曲線」來比喻，詮釋在這個世界上的萬事萬物，最終都難逃「生命週期」的發展規律，都會經歷從誕生、成長、衰退，到最後結束的過程。當我們在第一項優勢還在高峰時，找到另外一條出路，讓組織在向下墜落之前，得找到第二個成長動能。

## 第二曲線

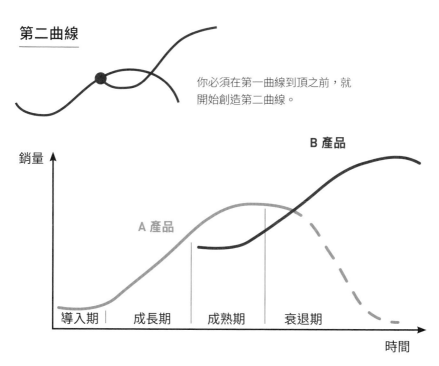

你必須在第一曲線到頂之前,就開始創造第二曲線。

我們都希望第一曲線能一直增長下去,但這只是美好的願望,無論是能力發展的天花板,還是大環境的變化,都常無情打碎我們的期許。這時候,有沒有第二曲線就很重要了。


## 第一曲線

是你的本業,它是你基本生活的保障,你現階段還是要投入努力和資源。

### 第二曲線

可能是你的興趣、你的人脈、你新的 idea……諸如此類的，它們是能幫助你實現彎道超車的機會。第二曲線可以是一份新的工作，也可以是一份工作之餘的副業，更可以是一個潛在的可能性。

我們剛進入職場，當然要更重視第一曲線，把手頭工作做好，努力尋求升職加薪，同時，我們在工作中要區分協調能力和專業能力。什麼是協調能力？比如溝通表達、專案管理等，這些能力能跨越工種和行業，能夠終身給你幫助。工作幾年之後，我們要把重心轉移，開始構建被動收入，探尋第二曲線。

有人會說，第二曲線的概念根本是杞人憂天，做好本業不就好了？真正有能力的人不會失業。

但是，我是這樣想的，就算你只是一個員工，也該懂得世界的脈絡和商業運作，商業的本質是供需關係，在供需關係下，個人能力是渺茫且無力的。在銀行尚未開放時，老銀行裡許多工作都是年薪破百萬，大家都覺得是自己能力好，高薪理所當然。其實，大家只不過吃到了行業的紅利，十年河東，當這些人拿不到高薪時，難道是能力變差了嗎？

這輩子，賺多少才夠？

除了選擇有紅利的行業，第二曲線最好是你感興趣、真正有熱情的事情，因為第二曲線在短期很難給你物質回報，堅持下去的一路上會需要熱情，熱情會指引你穿越迷茫和痛苦。

你可以不加入財務建築師的行列，但是我請求你，在工作之餘給自己一些思考的時間，問自己：「如果我的行業已經步入成熟期，有一天可能會讓我在熟年失業，那我能做什麼？」

這或許，就是開啟人生第二曲線的起點。

# 這輩子，賺多少才夠？
## 帶你畫出財務自由藍圖，享受財富的快樂

作　　者／張道麟
監督協力／賴孟治、顏菁羚
企劃編輯／林欣儀
美術排版／劉曜徵

企畫選書人／賈俊國

總 編 輯／賈俊國
副總編輯／蘇士尹
編　　輯／高懿萩
行銷企畫／張莉榮　‧　蕭羽猜　‧　黃欣

發 行 人／何飛鵬
法律顧問／元禾法律事務所王子文律師
出　　版／布克文化出版事業部
　　　　　臺北市中山區民生東路二段 141 號 8 樓
　　　　　電話：(02)2500-7008 傳真：(02)2502-7676
　　　　　Email：sbooker.service@cite.com.tw
發　　行／英屬蓋曼群島商家庭傳媒股份有限公司城邦分公司
　　　　　臺北市中山區民生東路二段 141 號 2 樓
　　　　　書虫客服服務專線：(02)2500-7718；2500-7719
　　　　　24 小時傳真專線：(02)2500-1990；2500-1991
　　　　　劃撥帳號：19863813；戶名：書虫股份有限公司
　　　　　讀者服務信箱：service@readingclub.com.tw
香港發行所／城邦（香港）出版集團有限公司
　　　　　香港灣仔駱克道 193 號東超商業中心 1 樓
　　　　　電話：+852-2508-6231　　傳真：+852-2578-9337
　　　　　Email：hkcite@biznetvigator.com
馬新發行所／城邦（馬新）出版集團 Cité (M) Sdn. Bhd.
　　　　　41, Jalan Radin Anum, Bandar Baru Sri Petaling,
　　　　　57000 Kuala Lumpur, Malaysia
　　　　　電話：+603- 9057-8822　　傳真：+603- 9057-6622
　　　　　Email：cite@cite.com.my
印　　刷／卡樂彩色製版印刷有限公司
初　　版／2023 年 04 月
售　　價／550 元
ISBN　／978-626-7256-69-5
EISBN　／978-626-7256-70-1（EPUB）

國家圖書館出版品預行編目 (CIP) 資料

這輩子，賺多少才夠？：帶你畫出財務自由藍圖，享受財富的快樂 / 張道麟作 . -- 初版 . -- 臺北市：布克文化出版事業部出版：英屬蓋曼群島商家庭傳媒股份有限公司城邦分公司發行 , 2023.04

200 面；15x21 公分

ISBN 978-626-7256-69-5（平裝）

1.CST: 個人理財 2.CST: 投資

563　　　　　　　　　112004776

城邦讀書花園
www.cite.com.tw
布克文化